U0904559

齐鲁文化的现代传承与发展

张进　著

山东大学出版社

图书在版编目(CIP)数据

齐鲁文化的现代传承与发展 / 张进著. — 济南：
山东大学出版社，2018.12
ISBN 978-7-5607-5967-8

Ⅰ. ①齐… Ⅱ. ①张… Ⅲ. ①文化史—研究—山东
Ⅳ. ①K295.2

中国版本图书馆 CIP 数据核字(2019)第 001224 号

责任编辑:刘森文　肖淑辉
封面设计:牛　钧

出版发行:山东大学出版社
社　址　山东省济南市山大南路 20 号
邮　编　250100
电　话　市场部(0531)88363008
经　销:新华书店
印　刷:济南华林彩印有限公司
规　格:720 毫米×1000 毫米　1/16
9 印张　133千字
版　次:2018 年 12 月第 1 版
印　次:2018 年 12 月第 1 次印刷
定　价:26.00 元

前　言

中国素有“礼仪之邦”之称，是一个有着5000年悠久历史的文明古国。齐鲁文化就是植根于古老中华文明的丰厚土壤之中，并对中华文化的形成和发展产生了巨大作用的一支地域文化。国学大师钱穆曾说:“若把代表中国正统文化的，譬之于西方的希腊般，则在中国首先要推山东人。”[①]在很多人眼里，齐鲁大地是华夏文明的中心原点，它不仅汇聚着中华早期文明，还培育了孔子、孟子、墨子、管子、孙子为代表的一大批思想巨人，催生了后来成为中国传统主流文化的儒家文化。

产生于齐鲁大地的儒家文化，对中国古代社会影响极大。自西汉“罢黜百家，独尊儒术”以来，儒家学说成为中国传统社会的主流文化，广泛地渗透到中国的政治、经济、军事、教育、文化、艺术等各个领域，成为我国传统文化中最深刻、最完整、最普及、感染力最强、凝聚力最大的思想体系。不仅如此，儒学对中国的周边国家以及东亚地区乃至世界各国都有广泛影响。今天，儒学以独具东方特色的内蕴，被世界各国学者重视、研究、开掘。联合国教科文组织把孔子列为世界文化名人，并在联合国总部大厅里悬挂着孔子名言“己所不欲，勿施于人”，作为处理国家间事务的至高原则。20世纪末，工业文明的弊端日益突出，孔子的“大道归仁”“仁者爱人”的深刻而富有亲情的学说，成为西方学者寻求博爱回归的重要依托。1988年，一些诺贝尔奖获得者在法国巴黎集会，共同对孔

① 钱穆:《中国历史精神》，九州出版社2017年版，第113页。

子儒家学说给予了高度评价和殷切希望："人类要在二十一世纪生存下去，必须要从二千五百年前的孔夫子那里去寻找智慧。"①这使齐鲁文化、孔子故里在世界文化格局中显得更加不同凡响了。

作为特定历史时期的特定地域文化，齐鲁文化不仅以其博大精深的体系、丰富的思想内涵、紧密契合社会现实需要等特征而领先于同时代的其他各地域文化，一度成为春秋战国时期中国文化发展的"中心之中心"和华夏文明的象征，而且也因此成为秦汉以来 2000 多年中国传统社会文化的主体，对中华民族共同文化心理、共同民族意识的形成，对人们的道德伦理、价值取向、生活习俗等都产生了深远的影响。因此，齐鲁文化的历史作用和意义已远远超出其特定的时空界限。它既是中华文明发展史上的一个极其重要的发展阶段，又是秦汉以来中国传统文化主体形成的活水源头。时至今日，它仍然潜移默化地影响着山东人的精神世界，也是山东走向未来不可或缺的文化基因宝库。

2013 年 11 月，习近平总书记在视察山东时强调，一个国家、一个民族的强盛，总是以文化兴盛为支撑的，中华民族伟大复兴需要以中华文化发展繁荣为条件。目前，山东正沿着"建设经济文化强省"的宏伟目标阔步迈进。如何合理开发利用齐鲁文化资源，实现由文化资源大省向文化强省的跨越，已成为当前面临的一个重大课题。

首先，要以社会主义核心价值观为指导，坚持先进文化引领，正确处理继承和创新的关系。在齐鲁文化资源的开发利用中，我们要坚持以先进文化为引领，牢牢把握社会主义先进文化前进方向，坚持马克思主义在意识形态领域的指导地位，大力弘扬先进文化，支持健康有益文化，努力改造落后文化，坚决抵制腐朽文化。以儒家文化为代表的齐鲁文化中不免存在落后的思想观念，如封建的等级观念等。但齐鲁文化中还包含着很多对社会有益的因素，对维护祖国的统一、民族的团结、社会的安定，促进国际交往以及对促进社会主义和谐社会的建设都具有积极的意义。这需要我们科学对待这一传统文化，处理好继承与创新的关系。站在齐鲁文化长远发展的角度来说，我们必须以自信的心态、开

---

① 转引自汤恩佳：《孔学论集》，文津出版社 1996 年版，第 82 页。

阔的视野来对待其他文化，积极吸收借鉴其他优秀文化成果，做到以我为主、洋为中用，辩证取舍、择善而从。在继承与借鉴中创新，在创新中发展。我们要做大做强孔子文化、孟子文化、管子文化、孙子文化、鲁班文化、墨子文化等齐鲁文化品牌，开展多种形式的对外文化交流，努力使齐鲁文化在中华文化发展进程中有更大作为。

其次，深入挖掘齐鲁文化的精神内涵和积极因素，大力培育新时代山东精神和中华民族精神。齐鲁文化与中华文化、中华民族精神是一脉相承、血肉相连的。以往对齐鲁文化资源的开发，大多注重物态文化方面，而忽视齐鲁思想文化的现代价值，其精神资源没有得到很好开发。因此，在利用齐鲁文化资源时，要进一步挖掘其有利于社会进步和当代道德建设的内容。我们要建设中华民族共同的精神家园，实现中华民族伟大复兴的中国梦，就必须以科学的态度、时代的精神去认识和对待优秀中华传统文化中的精神价值，并将其创造性地加以转化为新时代文化的因子，创造出具有时代精神的新文化，进而培育我们当代的民族精神，努力把全国各族人民紧紧团结和凝聚在中华文化的旗帜下。在文化强省建设中，山东省要继承和发扬齐鲁文化崇礼尚义、诚实守信、忠厚正直、豁达淳朴、勤劳坚韧的优良传统，进一步加强“四德”(社会公德、职业道德、家庭美德、个人品德)建设，着力培育“改革创新，开放包容，忠诚守信，务实拼搏，敢为人先”的新时期山东精神，进一步激发全省人民的热情，增强民族自信心和凝聚力，形成团结奋进的强大精神力量。

最后，在利用齐鲁文化资源过程中，要统筹兼顾，坚持社会效益和经济效益的统一，坚持眼前利益和长远利益的统一，走可持续发展之路。如果只讲社会效益，不讲经济效益，文化产业的发展不可能持久；如果只讲经济效益，不讲社会效益，就会背离先进文化的前进方向。开发利用齐鲁文化资源，在任何时候都要把社会效益摆在第一位，反对将文化一味商业化、低俗化的倾向。同时，要克服文化资源开发的短期行为，坚持开发与保护并举的原则，走可持续发展之路。在当前的传统文化资源开发中，存在着不同程度的破坏现象：许多文物古迹被改头换面，重新包装，失去了原貌；许多礼仪风俗被庸俗化、简单化，失去了原有的神韵；在部分地方，一些建筑古迹在开发的名义下遭到严重破坏，有些甚至是毁灭性的。这是在齐鲁文化资源保护利用过程中必须从根本上加以杜绝的。没有保护的掠夺式开发，无异于竭泽而渔，最终必然会导致资源的枯竭。因此，必须把齐鲁文化资源的开发和文化遗产保护结合起来，及时保护和修缮文物古迹，维护文化风范。

2014 年 9 月，习近平总书记在“纪念孔子诞辰 2565 周年国际学术研讨会暨国际儒学联合会第五届会员大会”开幕会上的讲话中指出：“不忘历史才能开辟未来，善于继承才能善于创新。优秀传统文化是一个国家、一个民族传承和发展的根本，如果丢掉了，就割断了精神命脉。我们要善于把弘扬优秀传统文化和发展现实文化有机统一起来，紧密结合起来，在继承中发展，在发展中继承。”[①]在新的历史时期，研究和利用齐鲁文化，对于丰富中华文化宝库，增强中华民族文化的凝聚力，强化华夏文明的感召和纽带作用，形成时代精神与民族特色相结合的、与中国特色的社会主义文化相一致的伦理道德体系，推动社会主义文化大发展大繁荣，都具有重要意义。在 21 世纪，我们要实现中华民族的伟大复兴，建设中华民族共同的精神家园，就必须以科学的态度、时代的精神去认识和对待包括齐鲁文化在内的中国传统文化中的积极价值，并将其创造性地转化为新时代文化的因子，创造出具有时代精神的新文化，进而培育我们当代的民族精神，努力把全国各族人民紧紧团结和凝聚在中华文化的旗帜下。

当然，齐鲁文化的保护和利用是一个长期的课题，本书的出版只是抛砖引玉。希望有更多的人能关注齐鲁文化，并积极投身到优秀中华文化的研究、传承与弘扬中去！

作者

2018 年 6 月

---

① 习近平：《在纪念孔子诞辰 2565 周年国际学术研讨会暨国际儒学联合会第五届会员大会开幕会上的讲话》，《人民日报》2014 年 9 月 25 日。

目　录

第一章　中国传统文化的特征与境界

中国传统文化是中华民族饱经历史沧桑和磨难而沉淀、传承下来的宝贵的文化精华，它蕴含着丰富的思想资源和强大的精神力量，是中华民族繁衍生息的精神之根和文化之魂。在中华民族发展历程中，中华文化绵延久远而不衰，屡历风雨而未断，始终为中华民族提供着坚实的精神支撑和心灵慰藉。中华传统文化中包含丰富的思想、睿智的哲理、至真的科学、至善的伦理和绝美的艺术，并始终追寻社会历史发展的方向，努力契合中华民族共同体的利益和福祉。在与马克思主义中国化基本精神相呼应的过程中，深度体现了中华优秀传统文化的新境界。

第一节　中国传统文化的形成与发展

广博精深的中华传统文化，经历了孕育萌芽、形成发展、繁荣衰微、近代的转型新生这样一个无比漫长而又曲折的变迁过程。这一历程在变迁中发展，在发展中变迁，不仅见证了人类物质文明与精神文明的日益丰富多元，也见证了人类不断解放自身的过程。中华传统文化的每段发展历程都各具特色，各有精髓，从而书写出了华夏5000年的文明历史，为中华民族的生生不息、发展壮大提供了深度滋养。

一、中华文化的源头

文字产生以前的历史阶段被考古学家称作“史前时期”。中国文化在远古时期就开始孕育和萌芽，这段进入文明之前的漫长进化历程，是中国文化开始独立发展的基础。通过考古发掘和相关学科的研究成果，这段上百万年没有文字记载的原始社会历史及其社会状况仍可得到解释和还原，中华文化的远古源头因此也得以追溯和寻觅。

人类的出现，标志着人类社会及其历史、文化的开端，所以要了解中华传统文化的源头，首先要追溯中国人的起源。“自从人类站起来，脱离兽类，在自觉意识支配下从事生产劳动，自然界就被赋予人的意义，出现反映人的意向和活动的世界，‘文化’也就开始了它一发而不可歇的生命运动。”[①]盘古开天辟地、女娲抟土造人的神话传说很早就已流传。据考古学家发现，早在 200 万年以前，已有人类在华夏大地之上生息繁衍，他们分布极为广泛，并在由旧石器时代向新石器时代发展的过程中形成了若干诸如黄河、长江、珠江、辽河流域的发展中心，成为中华民族和文化的发源地。在文化产生的过程中，工具的制造和使用是猿人向人类转变的关键因素，也标志着原始物质文化的产生。经过简易加工的石块是猿人最早制造和使用的工具，这一时期就是考古学上的“旧石器时代”，从距今约 170 万年的元谋人到距今约 7500 年的四川资阳人都处于旧石器时代。当时的古人类主要经营采集、狩猎经济，兼而从事渔业活动，在生活和生产过程中，他们将石块等现有自然物进行简单的加工，制成尖石、圆石、骨针等不同样态的工具，并利用它们取得劳动成果，进而改善生存条件。另外，火的使用是旧石器时期人类最具有划时代意义的活动。“如果说制造石器使人与动物开始分手，那么，火的使用标志着人与动物最后的诀别。”[②]在北京猿人文化遗址的出土物中，有大量因烧灼而变色破裂的石块、木炭、骨骼，还有灰烬等物品，这证实了距今 50～40 万年前的北京猿人，已经可以熟练地使用自然火并能有

---

① 冯天瑜、何晓明、周积明等:《中华文化史》，上海人民出版社 1990 年版，第 26～27 页。

② 张岱年:《中国文化概论》，北京师范大学出版社 1994 年版，第 74 页。

效保存，这促进了人的体质的进化，提高了人类和利用自然、改造自然的能力。

大约在公元前7000年，制作较为细腻精致的石器取代了过去制作粗糙的石器，人类改造自然的能力有了显著提高，中华古文明历史自此进入了新石器时代。迄今为止，已在全国各地发现7000多处新石器时代文化遗址，它们以不同文化群落的存在形式，呈现了原始文化在中国大地上多元分布的状态。这一时期的文化成就主要表现在：第一，农业、畜牧业逐渐取代采集和狩猎，成为主要的生产部门。河姆渡遗址出土了大量的稻叶、稻谷、稻壳等物品，证实我国早在7000多年前就开始人工栽培水稻。农耕文明的初步形成使人类不再完全依靠自然的赐予生活，而是形成了改造自然的生产型经济，人类的生活方式也从动荡不安的辗转迁徙转变为比较安稳的定居生活。同时，家畜饲养业和畜牧业在农业发展的基础上开始出现，人类的全面进化由此拉开帷幕。第二，为了适应农耕生活和定居生活的需要，人类制作石器和钻孔的技术水平逐步提高，劳动工具变得更为实用和精细，大大提高了生产效率。制陶、纺织、酿酒、金属冶炼等生产活动的兴起，标志着原始手工业的开端。手工业的发展促使人类在生产工具的制造上取得了巨大进步，推动了我国向文明时代的转变进程。第三，在新石器时代晚期，生产力的极大提高与剩余产品的大量累积，使私有制得到发展和巩固。在经历了从母系氏族到父系氏族的转变后，社会组织形态有了重大改变，氏族公社趋向瓦解，出现了炎帝和黄帝、东夷、苗蛮三大主要部落。经历了复杂的角逐和融合后，三大部落最终形成早期的以炎黄部落（华夏族）为核心的国家雏形。

伴随着原始物质文化强劲发展，原始精神文化也日益丰富起来，原始宗教和艺术是其主要表现形式。原始宗教可被看作是一种特殊的意识形态，曾广泛盛行于原始社会。那时，人们由于自身能力的限制而有着广泛的崇拜对象，主要有自然崇拜、图腾崇拜和生殖一祖先崇拜等。自然崇拜是原始宗教的最早期形态，大自然的千变万化是当时的人们不能解释的，他们遂认为自然物和自然力具有生命意志以及神秘力量。崇拜的主要对象有天、地、日、月、星辰、山、石、火、水等自然物以及风、雨、雷、电等自然现象。图腾崇拜相比自然崇拜较为高级。当时的人们认为某种动物或植物是其氏族的起源，并把图腾的某种动物视为自己的祖先，敬奉为氏族的保护神。图腾崇拜的主要对象有鸟、鱼、蛇、虎、狼等现实中的动物，另外还有人们运用抽象思维想象出来的虚构动物，如龙、凤等。生殖—祖先崇拜是随着人类支配和征服自然能力的加强，把崇拜的对象转向了人。女性祖先崇拜在母系氏族社会广为流行，女娲是主要的崇拜对象。在父系社会里则是男性祖先受到尊崇和膜拜，盘古、伏羲和炎、黄二帝是崇拜的主要对象。原始宗教产生于当时物质和精神力量均十分低下的时期，充满了种种神秘色彩。但在当时，它能够很好地协调人与自然之间的关系，满足人的精神需要。

在精神文化日益丰富的同时，原始艺术也开始产生。原始社会时期产生的音乐、绘画、舞蹈、雕塑、记事符号等文化艺术，是中国文化艺术的根基。新石器时代，陶器的制作已表现出一定的艺术创造力，其造型优美、色彩和谐，且配有多变的纹饰，不仅表明当时制陶工艺已经达到较高水平，而且说明中国先民当时已具有一定的审美水平。河姆渡文化遗址中出土了陶埙、骨哨等吹奏乐器。在各种壁画和彩陶器上，也都有描绘舞蹈的图案，标志着原始的音乐和歌舞在新石器时代已经产生。新石器时代，随着物质生活水平的提高，中国先民的精神生活也丰富起来。原始文化的丰富和多元，最终汇成中华传统文化之源头。

二、中华文化的形成

中国文化在走过了远古的萌芽期之后，于夏、商、周三代渐具雏形，春秋战国时得到了进一步发展，形成了中国文化的基本格局。

(一)夏商周时期：中华文化的雏形期

公元前 21 世纪，中国历史上第一个奴隶制国家政权——夏王朝建立，标志着我国历史正式进入文明时期。文字的发明与使用、青铜器的制作与普及、宗法制度与礼乐制度的创设以及人本精神的确立悉皆发端于此，这一系列初创的文化是中国文化的发展根基。

公元前 16 世纪，殷商取代夏朝，建立起空前强大的国家政权，标志着奴隶制社会进入强盛期。在长期稳定的社会情况下，商人的文明水平得到显著提高。甲骨文的出现和使用，使迁殷以后的商人率先“有册有典”。在思想观念方

面，受生产力和科学发展水平的限制，商人在原始思维的支配下尊神重巫，殷商文化因此蒙上了浓烈的神本色彩。《礼记·表记》里称："殷人尊神，率民以事神。"依殷人的思想观念，"帝"或"上帝"便是地位最高的神。"帝"或"上帝"既是自然力的统帅，也是人间事务的主宰，现实世界的帝王也必须听从神灵的意旨。为了听命于上帝，按照鬼神的意旨行事，占卜在商代十分盛行。商人祭祀范围十分广泛，且频频举行大型祭祀活动表达对上帝或鬼神的敬意。总的来说，殷商文化是一种以鬼神崇拜为价值取向的王权神授理论和宗教信仰，具有浓厚的神本文化特色。

公元前11世纪，周人取殷商而代之。从周朝建立至周平王迁都洛邑的这段时期，史称"西周"。西周是奴隶制社会发展的鼎盛时期，在因袭殷商种族血缘统治方法、典章制度、文字、工艺技术等成果的基础上，进行了一系列的文化创新。正如《诗经·大雅·文王》所云："周虽旧邦，其命维新。"首先，周人确立了极具特色的封建宗法制度，这种制度同时具备了政治权力统治与血亲道德制约双重功能。自此，这种注重血缘身份、强调伦理纲常秩序的基本原则与精神渗入中国社会机体，并深刻浸润着中华民族的意识、性格和习惯。其次，周人承袭商人的天神观念，认为上帝"唯德是辅"。周王要想维持统治必须实行"德政"，才能得到"民心"，所以就提出"天命靡常，唯德是辅""以德配天""敬德保民"等一系列思想。周人对于天人关系的理解，体现了人本精神和主体意识的初步觉醒，这是中国传统文化中的民本主义、德治主义、忧患意识乃至"天人合一"思想的源泉和肇始。再次，"尊礼文化"是西周文化的另一创新。礼乐文化是周代文化的重要组成部分，它既是典章制度的汇总，又是人们日常行为的规范。周人的冠、婚、丧、祭以及视、听、言、动等都用礼乐加以规范，其主旨是"别贵贱，序尊卑"。后世儒家继承、发展了周人所确立的礼乐文化，此后中国人的生活行为、道德情操与是非善恶观念等都深受其影响。西周时期还出现了早期的阴阳五行思想，西周初年的《易经》试图以"阴"和"阳"符号来代表两种不同性质的原理，并用其排列组合的无穷变化来解释自然界和人类社会的现象。总之，西周时期的天命神权、敬德保民以及阴阳五行思想，尽管体系尚不完整，却深刻影响了中国传统文化的发展，特别是人本思想和礼乐文化，淡化了殷商文化的神本色彩，为春秋时期思想界的“百家争鸣”奠定了基础，有利于中国文化模式的转换。

殷商时期，文字和青铜文化也有了较大的发展。在原始社会晚期的各地遗址都发现了具记事性质的刻画符号，殷商已经有较成熟的甲骨文字和金文，而且根据相关研究推测，文字有可能在夏代已出现。出现在商代的文字主要是陶文、玉石文、金文和甲骨文，其中最为成熟的是晚商的甲骨文，殷商时期的文字为后来汉字的发展奠定了基础。中国自夏朝就步入了青铜时代，商周时期青铜制作技艺已十分高超，生产技术也日趋发达，并且有了大规模的作坊可批量生产，由此留下了大批具有代表性的青铜器，这一时代的青铜文化成就无比辉煌。所以，商朝又被称为“青铜时代”。这一时期青铜器多被用作礼器和战争，部分被应用于生产和生活中，铜器造型、纹饰及工艺都在不断升级更新，具有很高的艺术价值。从殷墟和郑州商城遗址所发现的青铜器可以看出，商朝时期青铜冶炼技术和制造工艺的高度发展。

（二）春秋战国：中国文化的“轴心时代”

公元前770年，周平王东迁都城到洛邑，史称“东周”，春秋战国的历史自此开始。“礼崩乐坏”是对春秋战国形势最贴切的总结和形容。此时，周天子失权，诸侯争霸，在思想文化领域出现了巨大变革，诸子百家学说竞起，各家相互批判，又相互吸收、渗透和融合。春秋战国时期成为中国传统文化空前繁荣的时期，中国文化在动荡中得到迅速而又宏大的发展。

春秋战国时期的辉煌文化有赖于多种社会因素的混合作用，其中最根本的原因是社会的巨大变革为思想家们提供了言论自由平台，为“百家争鸣”提供了历史舞台。首先，诸侯争霸的过程中，竞相兼并的战争愈演愈烈，使原本孤立静态的社会结构、统治秩序和生活格局遭受了巨大的破坏，这就为文化的重组创造了机会。面对“礼崩乐坏”的局面，社会不同阶层的代表人物纷纷抛弃旧的文化意识观念，试图以自己的政治主张变天下大乱为天下大治、实现统一。其次，诸侯各国其时并未有一统的观念，学术环境相对自由宽松，士人有机会和空间进行具有创造性、独立性的精神文化活动，这为文化多元、学术自由发展奠定了基础。再次，社会的动荡和裂变，结束了“士为官人”“学在官府”的局面，许多新

兴知识分子演变成为“游士学者”，逐渐形成专门从事精神性创造的文化阶层——士阶层。士阶层取得了独立的社会地位，进而促进了思想文化大解放，并得以广泛交流和传播。正是在以上种种因素聚合的背景下，“百家争鸣”的文化氛围应运而生。

“百家争鸣”成功建构了中国传统文化最基本的思维方式、价值标准和民族精神。“救时之弊”是诸子兴起的共同文化目的，但由于社会地位、思考方式和学术传承的不同，先秦诸子百家学说各具特色。西汉时期，刘歆将诸子归为“儒”“墨”“道”“名”“法”“阴阳”“农”“纵横”“杂”“小说”共 10 家。其中，以儒、墨、道、法影响最大。儒家思想的核心是仁学，重要范畴包括“仁”“礼”“中庸”等。孔子以“礼”为行为规范，将“仁”与“礼”结合，形成了“仁”“礼”一致的思想体系。儒家的政治理念和道德修养思想，都具有明显的政治和伦理色彩。儒家积极入世，重视现世的社会人生问题，守旧而又维新，复古而又开明，成为当时的“显学”。汉代以后的儒学几经改变，但始终未变的是其礼教德治的精神。墨家学说的创立者是鲁国人墨翟，墨家主张“兼爱”“非攻”“尚贤”“尚同”等思想，在政治上主张统一思想和政令，其思想观念具有明显的功利色彩，体现了小生产者、小私有者的典型性格特点；墨家还大力倡导“天志”观，主张尊崇天神，体现着浓厚的宗教色彩，对后世农民起义产生了一定影响。以老子、庄子为代表的道家，其哲学核心是“道”，老子倡导无为，提倡顺应自然，主张以超然的态度对待现世生活，在基本的政治理想与人生态度方面，与儒家由对立走向了互补，极大地丰富了中国人的精神生活。老子哲学中最精华的部分是朴素辩证法思想，他肯定一切事物都处于发展变化之中，对立面之间的关系是相互依存、相互转化的，这种辩证思维对中国哲学产生了巨大影响。法家在战国时期是一门“显学”，后被秦王朝采用，成为维护其统治的政治理论，最终，在法家思想的指导下秦王朝得以一统天下。汉以后，儒学基本处于独尊的地位，但历代统治者的统治手段多是“霸王道杂之”，即“儒法并用”甚至“阳儒阴法”的统治手段。从以上可以看出，儒家、墨家、道家、法家等诸子学说虽然各有立场，呈现出不同特色，但他们勇于在大变革时代不间断地表达对宇宙、社会、人生的思考和探索，著书立说，并在争辩中相互吸收、渗透，发展了相互贯通的一面。同时，这次历史变革运动也孕育了中国传统文化深沉的历史责任感，并表现出诸子百家“和而不同”的包容品格和精神，在各个层面对中国文化精神进行了充分的铺展和升华，对民族的社会心理和价值观念产生了深远的影响。

春秋时期，教育也取得了巨大的进步。士阶层的崛起从根本上改变了“学在官府”的局面，促进了“私学”的繁荣。在教育思想和教学方面孔子做出了巨大贡献。他推广私人讲学，提倡“有教无类”，并整理出《春秋》《孟子》《中庸》《论语》《大学》等经典作品，深刻影响了中国的知识分子。“私学”逐渐成为培养人才的主要途径和方式，有利于民族素质的提高和文化传播，在中国教育史上具有重要意义。另外，春秋战国时期也取得了灿烂的文史成就。《诗经》、楚辞、诸子散文等文学名篇名著与《春秋》《左传》《国语》《战国策》等史学名著交相辉映，开中国传统文化中文学、史学之先河。

三、中国传统文化的变迁

战国以降，中国传统文化进入漫长的由秦朝到晚清的发展变迁过程，这一时期中国传统文化逐渐由成熟走向繁荣，又从繁荣走向衰微，谱写了中国传统文化中的宏伟篇章。

（一）秦汉：大一统文化

秦汉时期是中国传统文化的大一统时期，随着封建专制主义中央集权制的建立，产生了较为完善的政治、经济、文化制度，并逐步走向统一。秦汉时期统一的政治格局是日后中国文化大一统的现实基础，中国文化的基本类型自此得到确定。

第一，春秋战国以来，由于长期分裂割据，各诸侯国之间在文字、法律、货币和度量等方面存在着很大的差异。为实现“书同文”，“度同制”，“车同轨”，“行同伦”的社会理想，秦汉时期统治者均致力于思想文化的统一。首先，秦相李斯等人对周朝文字大篆进行简化、整理，创制出字形简化、形体齐整匀圆的小篆，此谓“书同文”。汉代时，更方便书写的隶书代替小篆成为主要使用字体。文字的统一促进了文化的交流、传播和发展，对于政治、思想文化的一体化起着至关重要的作用。其次，秦始皇颁布诏令，统一了货币、度量衡和车轨，是谓“度同

制”和“车同轨”。与此同时，秉持“以法为教”的思想，秦始皇命令在全国各地设置了名曰“三老”的乡官，专管教化，其用意是来统一人们的思想，是谓“行同伦”。秦朝一统天下后，还在李斯的建议下，把思想“别黑白而定一尊”（《史记·秦始皇本纪》），实行文化专制政策，以此来巩固中央集权君主专制的统治。再次，秦汉时期确立了高度集权的中央集权制和各项制度。皇帝享有至尊的权力，实行王位世袭制，建立了完善的官僚政治制度，并借助国家政权，确立了封建土地所有制，为此后2000多年封建社会文化的发展奠定了政治和经济基础。在此基础上，还建立了法律、军事、思想文化和教育制度等为中央集权统一国家服务，这成为中国制度文化全面启动、建立的时期。上述措施不但强化了秦朝的中央集权统治，而且有力地增进了人们在经济文化生活上的统一性和共同性，是中华民族文化共同体最终形成的坚实基础。

第二，儒学独尊与经学兴起。西汉初期，统治者实行的是道家黄老“无为而治”的思想，促进了经济的恢复和社会生产力的发展。随着政治、经济上的稳定，汉武帝接受董仲舒“罢黜百家，独尊儒术”的建议，使儒家思想获得了“定于一尊”的显赫地位，使其不仅在汉代是主流文化思潮，也成为此后中国两千多年封建社会的主流统治思想。西汉儒学独尊的文化政策使儒家的经典著作备受推崇，中国文化的经学时代自此开启。专门研究这些经典的学问被称作“经学”，它是从汉代开始直至清代的官方哲学。在汉代，由于统治者的鼎力支持，经学获得巨大的发展，经学内部也发展出“今文经学”和“古文经学”两大派别，爆发了今古文之争，此次文化争论对儒学发展起了一定促进作用。

第三，秦汉王朝的大一统使其社会文化基调始终保持着宏大的规模和气象，其开拓进取、恢弘包容的文化气质，促使社会文化得到全面发展。首先，这一时期，文学、史学、艺术都有了较大进步。汉赋、乐府诗和散文极富特色，成绩斐然，留下了诸多经典名篇。在史学上，出现了《史记》《汉书》两部巨作，开创了中国史学的新纪元。其次，传统科学技术也有了较大的发展。在天文学方面，张衡发明制造了浑天仪、候风地动仪等，此时也有了最早的太阳黑子记录。在医学方面，出现了张仲景、华佗等著名医家，产生了《神农本草经》《伤寒杂病论》等医学巨著，传统中国医学体系开始建立。在数学方面，有了关于勾股定理的最早记载,《周髀算经》《九章算术》等数学名著的出现推动了中国古代数学的发展。再次,中外文化交流活动得到了开展。这一时期的中华文化与东、西、南三个方向的其他国家展开了广泛的交流活动,其中汉代时开辟的丝绸之路是最负盛名的文化活动,张骞、班固等多次出使西域,西域各国使者也不绝于道,中外经济文化的来往日益密切。通过丝绸之路,中国和西域乃至印度的文明成果不断相互交换,丰富了中国文化元素。

(二)魏晋南北朝:乱世多元文化

公元220年,中国历史上充满动乱分裂的三国魏晋南北朝时代正式开启。在这一时代,由于佛教的传入和道教的发展,新的文化思潮——玄学的兴起,以"独尊儒学"为核心的大一统文化模式被打破,玄学与儒、佛、道并存,相争而又相融合的多元激荡的发展格局出现了,它们各成体系又互相吸收和融合的独特景象,为中华传统文化注入了新的生机和活力。

第一,魏晋时期思想领域最大的变化就是玄学的产生。魏晋之际,社会剧烈动荡,经学的失落、名教的危机、统治阶级的腐败和社会大动乱都成为指控儒学"不周世用"的有力说辞,儒家已无法维持"独尊"的地位。以《易》《老子》《庄子》为经典,崇尚老庄自然无为、个性自由,反对传统经学束缚,比经学更精致简约而富有思辨色彩的理论体系——玄学,成为时代思想文化的主流。玄学由老庄哲学发展而来,以探求个体人生意义价值为中心课题,以超越有限达到无限为根本,整体论题从汉代的宇宙论转向极具思辨性的本体论。以何晏、王弼为代表的玄学家主要探讨的是"有无""本末""动静""名教与自然"等哲理问题,这些探讨提高了传统哲学的思辨能力,赋予了传统哲学新的生命力。魏晋玄学的盛行,突出了飘摇于动荡时代的人们对于个体存在意义与价值的特别关注。正是基于这样的社会环境和社会心理状态,道教与佛教也开始盛行,多元文化激荡的格局在魏晋南北朝系统形成。

第二,这一时期的玄学与儒、佛、道的关系颇为复杂。首先,玄学产生之初,与儒学发生过较为剧烈的冲突。热衷玄学的人士往往"以老、庄为宗而黜六经"(《晋书·孝愍帝纪》),而儒学之士则认为玄学家"好谈老庄,排弃世务,崇尚放达,轻蔑礼法"。但玄、儒二学虽彼此排斥,也有互相吸收、融合的一面。玄学

家们希望将人性自然与礼教冲突的双重人格在玄学的幻想中得到内在的融合，并为调和儒玄思想的冲突作出了不懈的努力。一些儒者也逐渐意识到玄学具有救名教伪弊之功，之后出现了很多儒玄双修之士，这也说明了儒玄合流的发展趋势。其次，玄学与道教皆以道家哲学为主要思想渊源。道教与玄学对待儒学的态度也如出一辙，它积极与儒学相调和，并将儒学中精华的伦理精神积极吸纳融入自己的教义教规里。再次，玄学与佛教在思想理论上很契合。早在两汉之际就传入中国的佛教，于魏晋南北朝时期才得到广泛传播和发展，经由与中国传统文化的冲突、调适和融合，佛教开始“中国化”。其最重要的契机就是玄学的“贵无论”与佛教“一切皆空”思想的相通。佛教为了自己的发展，努力适应玄学营造的那种注重思辨的理性主义的文化环境，同时玄学家们也有意借助佛教的般若本无思想来提升自己的思想，在这种情境下佛教就得到了快速发展的契机。到了东晋时期，玄学几乎已经完全与佛教融合。

第三，魏晋以来，虽社会动荡、战乱频繁，但文学、艺术、科技方面有了很好的发展。首先，在文学、史学和艺术方面取得较大成就。魏晋时期，骈文盛行，五言诗已经完全成熟，开始出现文学批评和文艺理论方面的著作，古典文学进入了一个发展的高峰阶段。史学方面，《后汉书》《三国志》《宋书》《南齐书》和《魏书》等五部断代史相继问世，史书的体例有了进一步创新。艺术方面，书法艺术的高峰时代到来，五种字体已基本成型，钟繇、王羲之、王献之等都是当时著名的书法家；顾恺之、陆探微等在绘画方面取得巨大成就，成为我国最早的知名画家；魏晋南北朝时期雕塑艺术发展到了一定的高度，敦煌石窟、云冈石窟、龙门石窟、麦积山石窟等著名的大型石窟群，都于这一时期开凿建造，展现了高超的雕刻水平。其次，在科学技术方面也有了许多突破性的发展。例如刘徽、祖冲之等一批著名数学家的出现，使中国在数学方面达到世界先进水平。传统医学方面，出现了葛洪、陶弘景等名医以及《脉经》《金匮药方》《肘后备急方》等一批医学名著。农学方面，北魏贾思勰所著的《齐民要术》，是一部集魏晋南北朝时期农业技术知识之大成的著作，对农业生产实践进行了总结，丰富和发展了古代的农业知识。

总的来说，魏晋南北朝时期，儒学、佛教、道教之间的相互冲突、相互吸收与相互融合，强烈震荡了当时的意识形态结构。与此同时，北方少数民族入主中原也引发了胡汉文化的交锋与融合，中国文化在此阶段得以丰富和深化，为隋唐文化的繁荣和昌盛奠定了良好的基础。

（三）隋唐：盛世辉煌文化

隋唐时期是中国传统文化盛大发展的时期。581 年，隋文帝灭陈，中国结束了长期分裂的局面，得以重新统一。618 年，唐朝建立，中国文化迎来了其史诗般壮丽的盛世局面。以强盛的国力和传统文化为基础，隋唐文化不仅承继和发展了魏晋以来的传统文化，还吸收了各少数民族文化之精粹，同时还以开放的姿态吸纳海外各国文化。这就使隋唐文化表现出一种有容乃大的文化气魄，散发出明朗、高亢、奔放、热烈的时代气质。

第一，在文化政策方面，统治者实行“开明专制”的政策。在意识形态上，采取儒、佛、道三教并举的政策，奠定了三教合流的基石。在文艺创作上，宽容对待文人，积极鼓励多样性创作，在这一时期，言论较为自由，唐人作诗也少有忌讳。为加强中央集权，隋唐政府还进行了制度改革，建立了相当完备的国家机构，其中三省六部制的确立对之后历代王朝都有着深刻影响。同时，科举制度在隋唐时期得到大力推广和发展，这种不重门第重才学的选拔方法，是培养人才和巩固封建制度的有效方式，后世历代封建王朝也一直采用。

第二，经济繁荣、国力昌盛的隋唐时期，文化实力大大增强，当时的中国在众多方面都处于世界领先地位，这就为中外文化交流创造了有利条件，推动了世界文化的进程。一方面，发达的中华文化吸引了周边众多国家的目光，各国使者和商人纷纷涌入都城长安进行学习和交流，长安一时成为中外文化汇聚的中心。中华文化被传播到世界各国，造纸术、炼丹术、数学和瓷器制造技术等的西传，对中世纪的印度、阿拉伯世界、欧洲和非洲都产生了一定影响。另一方面，隋唐文化也以博大的胸襟和宏伟的气魄广泛吸收外域文化，并经消化改造，使其中国化、民族化，促进了中国传统文化的发展。诸如，南亚的佛学、医学、历法、音乐、美术等，中亚的音乐、舞蹈等，西亚和西方世界的景教、摩尼教、伊斯兰教、建筑艺术等都在此时竞相传入中国。

第三，隋唐时期规模空前的统一和强盛，包容与融合使隋唐文化取得了熠

熠生辉的丰硕成果，成就了一个丰富浓烈的艺术世界。在文学方面，诗歌成就最为辉煌，经由唐代诗人在内容、风格、形式、技巧等方面的杰出创造，中国古典诗歌可谓“无体不备，无体不善”，留下许多名篇佳作。唐代的散文也取得很大成绩，韩愈、柳宗元所发起的古文运动，深刻影响了此后的文学发展。同时，史学方面也盛况空前。此时，官修史书制度确立，史学著作不断创新。除《晋书》《梁书》《陈书》《北书》《周书》等正史的编纂外，我国第一部史学评论著作——《史通》也在此时诞生，奠定了我国古代史学理论的基础。《通典》亦是史学一大成果，它创立了一种新的史体——政书体，为中国史学史上长足之进步。艺术方面也取得极高的成就。唐代不仅是诗歌与书法的黄金时代，也是绘画艺术的顶峰时期，同时中国雕塑艺术也在隋唐时期发展到高峰，敦煌莫高窟等代表作品至今仍是享誉世界的艺术精品。

第四，隋唐时期的经济和科技发展谱写了新篇章。这一时期在科学技术方面的成就有：恒星位置变化的发现和地球子午线的实测，书写了世界天文学史上的重要一笔；孙思邈的《千金方》一书成为后世医学经典；雕版印刷术的发明促进了人类文化传播；大运河的开凿和利用促进了南北经济文化的交流；唐都长安城的棋盘格式、对称布局的规划和建设，使其成为古代建筑史上的杰作；著名的唐三彩则成为享誉世界的瓷器精品。总之，中国文化发展至隋唐，散发着阶段性的集大成的灿烂光芒，成就了充实而又光辉的文化繁盛时代。

（四）宋元：成熟文化的建构

公元960年，北宋王朝建立，随着中央集权的不断加强，社会政治、经济格局都发生了较大的变化，传统文化也取得进一步发展，并在与北方游牧民族和外域文化的冲突、交流与融合过程中，渐渐成熟完备。

理学的充分建构是宋代文化最重要的标志，也是中国后期封建社会较为成熟完备的思想体系。北宋的周敦颐、程颐等人是理学创始人，南宋的朱熹是理学集大成者，他建构了一套比较完备的理学思想体系。朱熹认为，“理”为万物之本原，封建纲常亦为“天理”，并强调人要对天理有自觉意识。心学是理学体系中的另一派系，南宋的陆九渊是心学开创者，明代王阳明为集大成者。心学是在承认理的至高无上的同时，提出了“心即理”和“心外无理”的命题。理学融儒、释、道为一体，大大提高了传统儒学的哲理性和思辨性，是封建专制日益强化在文化上的呈现。理学家认为天理和人欲是相对立的，进而提出以天理遏制人欲，束缚人的情感欲求。但同时，理学也强调人要通过道德自觉来建立理想人格，中华民族注重气节情操、社会责任与历史使命的文化性格在此时得到强化。

两宋文化的主要表现形态为上层精致的士大夫文化和市井中勃兴的市民文化。士大夫文化的精致、委婉、细腻主要通过宋词得到体现，传世的宋词大都典雅委婉、清新秀美。如柳永的《雨霖铃·寒蝉凄切》、周邦彦的《兰陵王·柳阴直》、秦观的《水龙吟》，体现了当时文人的心境和志趣。野俗而生的市民文化也热烈勃兴，成为宋代社会文化的一个重要组成部分。富有时代特色的杂剧和小说在市民文化的兴盛中应运而生，传统戏曲在宋代的主要形式为杂剧和诸宫调等。到了元代，杂剧更为兴盛，出现了大批著名剧作家如关汉卿、马致远、郑光祖等，中国戏曲史上的许多传世之作也在此时产生。小说在宋代主要以话本形式流行，元末明初时，大量以历史、公案、神怪、言情以及市民日常生活为题材的短篇小说和长篇章回小说出现，标志着中国小说进入了新的发展时期。

古代科技也在中国文化趋向成熟的背景下发展到了极盛。这一时期最为突出的成果是指南针、印刷术、火药的出现。同时在天文学、医药、纺织、地理、制瓷等方面也都创造了辉煌的成绩。宋代的教育也非常发达，其官学系统有两个特色。首先是在学校教育制度上，无问亲疏，等级差别在不断缩小；其次就是重视地方学校的发展。这一改革有利于低层官僚弟子乃至寒门弟子脱颖而出，教育的发展与深刻的变革使宋代整个社会的文化素养在汉唐文化的基础上更进一步提高。

1260 年，成吉思汗的孙子忽必烈建立元朝，作为游牧民族，虽然在政治、军事、民族、文化上与中原文化存在着一系列的冲突和对抗，但这也在某种程度上加速了文化的交流与融合。元世祖忽必烈深受汉族儒生士大夫的影响，大力执行了一系列改革措施，使统治制度和体系都得到了“汉化”。由于统治者的大力支持，于两宋崛起但一直处于在野地位的程朱理学成为显赫官学，深刻影响了后来的明清文化格局。元蒙统治时期，汉族士人文化受到严重打击，此时兴起

的元杂剧不仅带着强烈的激愤来谴责社会的黑暗和不公平，更抱着美好的希望和热情对非正统的美好追求进行热烈地讴歌。元朝是一个势力范围空前广大的国家，此时中国文化与外域文化展开了气势惊人的交流融合。元代的中国对外部世界实行开放政策，这就促使阿拉伯人、中亚波斯人大批迁往内地，伊斯兰教、基督教也开始传入中国。这些前来中国的各国人士人才众多，异域的科学技术就通过他们传入了中国，尤其是当时处于世界领先水平的阿拉伯天文学、数学，给当时的中国带来了很大的影响。与此同时，中国文化也迅速向西方传播，中国的火药、历法、数学、瓷器、茶叶、丝绸等通过不同途径，先后传入西亚、欧洲等地。

(五)明清时期：中国传统文化的"承古萌新"

明代到鸦片战争前的清朝，处于封建社会的晚期，是中国传统文化的总结期和转型准备期，中国的社会结构在这几百年间发生了重大变化。

明清时期对中国传统文化进行了细致的梳理和总结，为之后中国文化的转型准备了必要的条件。《永乐大典》《古今图书集成》和《四库全书》等大量综合性著作的纂修；《全唐诗》《全唐文》等文学巨著的汇编；《康熙字典》等大型文字辞典的问世；总结我国古代农业科学成就的集大成著作——《农政全书》，综合农业、手工业生产的科技著作——《天工开物》，封建社会药物学集大成总结性巨著——《本草纲目》等一系列集历代大成的总结性著作的涌现，不仅标志着中国传统文化进入了总结时期，而且也为中国传统文化的转型、继承和发展储备了大量的珍贵文献资料。在此过程中，考据学成为清朝学术之主流，并形成了注重考据的学派——乾嘉学派。考据学家们对经书、文书、音韵、文字等各方面进行了考证和整理，从而使这一时期的学术文化取得了巨大成就，在保存古典文献方面做出重要的贡献。

知识分子对中国传统文化的深刻反省和新的学术思想的出现，为中国传统文化的转型奠定了思想和舆论基础。明清之际，中国封建君主专制制度达到顶峰，统治者实行空前严重的文化专制主义。但资本主义萌芽的出现促使学术思想领域出现了早期启蒙思想。以李贽、黄宗羲、顾炎武、王夫之为代表的一批富于忧思意识的有识之士，对封建专制主义进行了尖锐的批判，并从总体上对中国传统文化进行了反省与总结。他们批判宋明理学，倡扬人的主观能动性，注重经世致用，认为宋明理学扼杀人性，是"以理杀人"；反对中国传统文化"崇本抑末"，主张"工商皆本"；抨击科举制度，主张向西方学习，尊重科学，大力发展教育。他们还抱着一种超胜西学的民族自信心，努力会通中西文化。这股学术思想虽暂时还处于非主流状态，但它代表了社会的进步方向。因此，在这种思潮影响下，传奇、戏曲、小说已成为明清文学发展的主流和特色，并为中国文化转型营造了艺术氛围。文艺作品中也出现了具有初期民主思想的成果，如《牡丹亭》《长生殿》和《桃花扇》，长篇小说《西游记》《红楼梦》《水浒传》《三国演义》《儒林外史》，短篇小说《聊斋志异》等，都深刻揭露了封建制度的弊端，预言了封建社会必然走向灭亡的历史命运。

明末清初的"西学东渐"，使西方科学文化知识传入中国，充实了中国传统科学。西方的天文历法、物理学、机械学、数学、地图测绘学、医学、建筑学、绘画、音乐等方面的技术开始传入中国，中国也出现了一批接受西学的学者和科技人才，他们将西方的科学技术引入到各自的研究领域，促进了中国传统科学的进步。

总之，这一时期的思想文化与中国社会的资本主义萌芽状态相伴而生，具有早期启蒙思想的性质。早期启蒙思想对封建制度的批判，加速了封建自然经济的解体，宣告了封建文化的没落，鸦片战争前的中国正处于西方文化对中国传统文化全面冲击的前夜。1840 年爆发的鸦片战争，使中国传统文化受到了鲜血与炮火的洗礼，从此进入了一个蜕变与新生并存的历史阶段。

四、近代中国传统文化的转型发展

1840 年，鸦片战争爆发，西方列强以武力打开了中国的大门，中国逐步沦为半殖民地半封建社会。长期为封建制度服务的传统文化显然已无法适应社会的变革，为满足社会的新需求，中国传统文化不得不进行自身的革新，从而进入转型新生时期。所谓转型就是中国传统文化在西方文化的冲击之下不得不改变其固有的运行轨迹，所谓新生就是中国传统文化适应新形势而以崭新的面貌出现。

五四运动前，中国传统文化向近代的转型可划分为三个阶段。第一个阶段是从鸦片战争后开始的洋务运动到1895年的甲午中日战争。这一阶段中国人开始从物质层面上认识西方文化，开始了向西方学习走船坚炮利的道路，并兴起了洋务运动，自此揭开了中国文化转型的序幕。第二个阶段是从甲午战争失败，中经戊戌变法，到1911年的辛亥革命。这一阶段维新派将改良的矛头对准了封建制度，特别是后期出现的革命派，在大量学习西方文化的同时，推动了中国文化在制度层面的转型。辛亥革命则宣告了2000多年封建帝制的结束。第三个阶段是从辛亥革命至新文化运动。新文化运动是在内忧外患的国情下，对传统思想文化进行自我批判、救亡与启蒙并行的民族自救运动。在这次运动中，中国人首次从民主和科学的高度全面审视中国传统文化，是中国文化转型发展到精神层面的标志。随着洋务运动、戊戌变法和辛亥革命等的大力开展，中国文化走上了近代化道路，特别是在五四运动后，马克思主义在中国得以广泛传播，并被社会普遍接受，这就从根本上改变了中国的文化面貌。

首先，掀起向西方学习的思潮。19世纪60年代，以曾国藩、李鸿章、左宗棠等为代表的洋务派主张向西方学习，他们以自强、求富为目标，派遣留学生到国外学习先进技术，创建洋务企业，加强军队力量，试图于民族危亡之时挽救清朝的统治危机。抱着“救国图存”的宏愿，此后的早期维新派发动了戊戌变法运动，变法虽未成功，但它不但在政治变革上是一次历史的超越，而且在思想文化上也是一次重大的历史转折。自此，在西方文化的冲击下，中国传统文化的根基发生了动摇。其次，对传统文化进行了扬弃。科举制度被废除，新式学堂被广泛推广，从而为教育的独立和社会化、普及化创造了良好的条件。报刊的创办使思想开始更普遍传播，体现了其大众化和平民化的发展方向。南京临时政府成立之后，一系列新文化政策的出台，从根本上动摇了儒学在教育上的统治地位，并且以法律形式确立了资产阶级新文化的主导地位。20世纪20年代的新文化运动是资产阶级新文化和封建旧文化的一次激烈斗争，提倡民主科学，反对专制迷信，破除了封建思想对人们的束缚，唤醒了中国人民特别是知识分子和青年学生们的觉醒意识。再次，马克思主义得到广泛传播。马克思主义自传入中国后，便因其具有良好的群众基础、与中国国情能够相适应而得以广泛传播，最终成为影响当代中国社会最大的理论思潮，直至今日仍是中国特色社会主义的重要指导思想。在马克思主义的引领和指导下，中国文化蓬勃新生。中华优秀传统文化在马克思主义中国化的发展进程中，日益成为建设中国特色社会主义先进文化的重要思想资源，成为中华民族共有精神家园的重要支撑以及新时代鼓舞人民奋勇前进的强大精神力量。

在今天的社会主义现代化建设中，中华民族优秀的传统文化仍显示出强大的生命力，在振奋民族精神、增强民族凝聚力、整合社会价值、协调社会秩序等方面发挥着作用。随着全球化的发展，国际竞争日趋激烈，文化软实力越来越成为国家综合国力竞争的重要因素，中华优秀传统文化面临着新的考验，我们也开始以新的思维寻求文化发展的途径。在新时代背景下，习近平总书记不断强调：中华优秀传统文化是中华民族的“根”和“魂”，是中华民族的“精神命脉”，要在弘扬中华优秀传统文化的基础上建设社会主义核心价值体系。在当代新的历史条件下传承、弘扬传统文化的方向路径，就是要实现传统文化与现实文化的融合。要处理好继承与创新的关系，力争破除对中国传统文化的错误认识，实现传统文化的创造性转化、创新性发展，按照时代的要求，赋予中华优秀传统文化新的时代内涵和表现形式，激活其生命力。在中国特色社会主义现代化建设实践中，要适应时代的新发展、新需求，吸收人类创造的一切优秀思想文化成果之精华，推动中华优秀传统文化进一步的发展和完善，共同服务于现代社会的发展。

第二节　中国传统文化的基本结构

文化是一个本身具有层次结构的体系，文化一旦形成，它便具有独立意义，就通过一定的形式或形态而存在、发展、演变。或者说，文化一旦获得了独立意义之后，它便形成了一定的系统或结构，通过一定的系统或结构发挥着它的功能和机制。中华优秀传统文化在其发展过程中也形成了独特的结构特征。

一、文化的结构

近现代以来，随着人类学、文化学的兴起，“文化”一词被广泛使用，人们对于文化的理解也是千差万别。据统计，学术界对文化所下的定义已达百种以上。在此，我们认为，所谓“文化”，就是一个民族在其历史上所创造的观念体系和价值体系，并通过各种活动及其成果表现出来的。文化结构，即文化的架构。它有两重含义：一是不同的文化元素或文化丛之间具有一定秩序的关系；二是文化结构由文化特质、文化丛、文化区、文化模式等概念构成。关于文化结构的分类，学界有着不同观点：如英国社会人类学家马林诺夫斯基提出了著名的“文化三因子”说，即物质、社会组织、精神生活三个层次；钱穆则认为，文化即是“人生”，即是“生活”。从人生的角度来讲，文化结构可分为“物质的”“社会的”“精神的”这三个层次。庞朴也认为可从“物质的”“制度的”“心理的”这三个层面划分文化的结构，其中“文化的物质层面，是最表面的；而审美趣味、价值观念、道德规范、宗教信念、思维方式等，属于最深层、介乎两者之间的是种种制度和理论体系”。[①] 郭齐勇认为，整个大文化系统涵括物质文化、社会关系体系、精神文化、艺术文化等子系统，以及语言符号系统和风俗习惯系统。[②] 从系统的角度考察，任何文化都至少包含着精神的和物质的层面，细究之，还应有一个社会物质活动的层面，即制度文化或行为文化。这就产生了最有权威性的文化结构“三层次说”，依此，中国传统文化可划分为物质的文化、制度的文化、精神的（思想）文化。

物质层面的文化指人类物质生产过程及其产生的物质文明成果，主要包括现实生产力（由劳动者、劳动资料、劳动对象构成）和满足人类最基本的生存需要的消费资料、科学技术、文学艺术、建筑风貌等，它们虽然是由人类认识、改造自然的精神因素凝聚而生，但主要还是以实体物质的形式表现出来。

制度层面的文化，是指人类在社会实践中依据一定的思想观念建立的各种

---

① 庞朴：《要研究文化的三个层次》，《光明日报》1986 年 1 月 17 日。

② 参见郭齐勇：《文化学概论》，湖北人民出版社 1990 年版，第 39 页。

制度，包括政治制度、经济制度、法律制度、教育制度、婚姻制度等，还包括社会组织机构以及工作部门的设置形式、结构以及与之相应的制度、规章、条例等，此外还包括风俗习惯。制度文化又分为上层的制度行为文化和在制度文化长期影响下形成的民俗行为文化。所谓“在上为礼，在下为俗”，这种行为文化服从于一定的文化体系，其发展往往会超越制度文化的变革。

精神（思想）层面的文化则包括价值观念、思维方式、道德情操、审美趣味、宗教情感、民族性格等因素，它是人类社会实践和意识活动长期孕育而成的，是人的内心世界的真实反映，潜伏于整个文化系统的深层。精神文化可分为与制度文化相对应的意识形态和与风俗行为文化相对应的社会心理文化。

在这三个层面中，精神层面居于核心地位，物质、制度层面与之紧密呼应。中国传统文化的表面结构指物质层面，具有弹性的制度层面可称为中层结构，深层结构则指思想（精神）的层面。在文化结构的三层次中，因外在的物质实体较易产生变化，外显的物质性的文化往往会随着生产力这一活跃因素的变化而产生迅速变革。处于中层的制度文化则会因随社会变革的变化而变化，变化趋势是或快或慢的，并且统治阶级思想文化的改变也会在一定程度上影响人们的社会行为方式。而内化于人类文化发展的各个层面的精神心理文化，其核心是人们思维方式、价值观念和对生活意义的体会和认识，是最难发生变化的部分，文化差异多来源于深层文化的不同。

总而言之，一种文化的精神层面是其实质所在，也是研究文化历史演变的核心线索，同时这种精神实质却又总是通过其制度的和物质的形式表现出来。所以文化研究的关键是研究思想文化，但制度文化与物质文化也是文化研究的必要补充。

二、中国传统文化的结构

在漫长的历史进程中，中华传统文化不断丰富和发展，除了表现为一定的形态或形式外，还自然地呈现出一定的层次结构，我们对中华优秀传统文化进行研究，就不能忽视它的整体结构和内在机制。总体来说，中华优秀传统文化是以儒、道为主体、融合了佛教、基督教等外来文化的多元化结构。现择其要点

略述之。

从文化结构的视角来看，中国传统文化是以儒家、道家思想为主体，以佛教等其他思想作为辅助和补充的多元文化结构。儒学自西汉就已被定为正统思想，拥有独尊的地位，在2000多年的中国封建社会中占据主导地位。但同时，儒、道两家在不同的时代各自扮演着相辅相成的角色。因此，就文化主体而言，儒、道两家都在中华优秀传统文化中占据了重要地位。西汉统治阶级总结并吸取了秦王朝灭亡的教训，致力于推行道家“黄老”思想，主张轻徭薄赋、躬修俭节、清静无为等治国理念，于是才有了《汉书·食货志》记载的“至武帝之初七十年间，国家亡事”的“文景之治”之太平景象。至西汉中期，汉武帝实行“罢黜百家，独尊儒术”的政策，儒学又成为主要的统治思想。但道家思想并未消亡，而是以道教的形式在民间广为流传，这就为道教之后的发展奠定了深厚的社会基础。魏晋南北朝时期，玄学成为中国文化思想的主流。玄学思想不仅深受道家思想影响，同时也大量吸收了佛教的基本教义。因此，究其实质而论，玄学就是以道家思想为主体的儒、道、佛三家思想的融合。隋唐时期，唐朝统治者自称是老子后裔，尊老子为“玄元皇帝”“天皇天帝”，并把道教奉为儒、道、释三教之首，道教又一次获得发展生机。中唐以后，儒学的价值和地位被重新审视，一些儒生强力提出“三教归儒”的观点，儒学复兴运动就此开始，这为宋明理学的最终形成提供了坚实的基础。尽管宋明理学的发展使儒学再次跃居主导地位，但儒、道、释三教之融合仍是理学理论体系的最大特征。由此可见，在中国文化发展史上，儒家文化和道家文化始终是文化发展主流，只不过随着历史形势的变化其地位有所变化而已。

无论是儒家文化还是道家文化都深切影响了中国传统文化的发展，并构成了中华优秀传统文化的重要部分。可以说，中国文化的特质大多源流于儒、道文化。儒家文化和道家文化深刻影响了中国人的国民性格和中华民族的文化心理素质。“入世为儒，出世为道”是中国人熟知的说法，“儒治世”“道治身”“佛治心”也是中国人普通认知的真理。它们各自遵循自己的理论体系，从不同的角度影响着中国历史的发展。儒学主要影响了中国政治、伦理、家庭关系，陈寅恪就曾认为，2000多年来，华夏民族在制度、法律、公私生活方面所受儒家学说的影响最为深重。道家文化中则饱含着崇尚自然、返璞归真的思想，对中国哲学、文学、美学、艺术均具有深远的影响。

南朝梁思想家刘勰曾中肯地描述了中国传统文化的结构特征。他在著作《刘子·九流》中认为：中国文化是“道者玄化为本，儒者德教为宗，九流之中，二化为最”。这里的“九流”即指中国多元的文化，正是这种多元的文化特征，才造就了丰富的中国文化体系。而“二化为最”则是指儒、道两家在中国文化结构中的主体地位。由此可见，中国传统文化就是以儒、道文化为主体的结构模式，是其他派别无法取而代之的主导地位，但其他文化仍是中华文化中不能或缺的组成部分。中国古代思想家虽然各有传承，各成体系，但“万物并育而不相害，道并行而不相悖”（《礼记·中庸》）又是他们理想的文化境界，中国传统文化中，儒、释、道三者长期并存的结构组成特点，就是中国传统文化的包容精神的最好展现。

第三节　中国传统文化的特征

中国传统文化的发展演变会受到特定政治、经济结构和地理环境等因素的制约，其主要内容、价值取向、社会心理、思维方式等方面也都体现出独有的特点。中华优秀传统文化是中华民族精神的表征，其特点可从不同角度进行分析。本文仅就最能代表中华优秀文化精神特质的几个鲜明特征略作总结。

一、多样性与统一性融合，生命力与凝聚力并存

在漫长的社会发展历程中，中华民族逐渐形成了以华夏文化为中心，融汇国内各民族文化和域外文化的统一体。这个统一体具有强烈的同化作用，使统一成为历史的主流和常情，即使在政治纷乱、国家分裂，内忧外患的危急存亡关头，统一仍是人心之趋向。中华民族在政治上总是分分合合，但中华优秀传统文化在本质上是一个整体，以大一统为常道，文化学术思想也一直呈现出大回归的大趋势，这就是所谓的“道统之相传”。

中华优秀传统文化还具有极大的包容性，提倡在主导思想的引导和规范下，各种思想文化相互吸纳渗透，兼容并包，多样统一，呈现出有容乃大的大国气魄。于是，在国家大一统的历史进程中，在民族的迁徙、融合和冲突中，文化交流和融合的高潮一次次出现，中华优秀传统文化不断更新、壮大，勃发生机。中国传统文化的包容性表现在对外来文化的吸纳与同化上。中华优秀传统文化主体上是一种开放性的文化，它以汉族文化为主体，对各少数民族文化进行了融合，同时兼容了很多的域外文化，诸如西方的宗教、历法、数学、地理学和各种科学技术等都大量涌入，并为中国所接纳，融入中华文化的长河中，即我们今天所说的"中国化"。例如，佛教传入中国后，就逐渐开始了中国化的过程，突出表现特点是佛教儒化。由此可见，虽然历经几千年的冲击与融合，中华文化仍在本质上保持着始终一贯的体系及特点，始终是以本土文化为主体，有力地维系着中华民族的独立性，从而使中国文化有了多样性与同一性并存的宏大气象。

中华传统文化虽历经沧桑，但始终延续，表现出超强生命力。在起伏跌宕的数千年中，不似埃及、巴比伦和希腊文化等其他文明古国文化在发展中有过大幅度文化"断层"甚至盛极而衰的现象，而是成就了各代均有斐然成就的文化奇迹。[①] 英国历史学家汤因比曾把世界划分为 26 个文明形态，其中只有中国传统文化有着完整、连续的发展序列形态，保持着持续发展、不曾中断的文化体系，是世界文化史上的一个特例。同时，中华优秀传统文化还具有强劲的凝聚力。在特定环境中共同劳动、生活而形成的中华民族，在创造自身历史文化的同时，也形成了共同的思想情感、精神气度和处世待人的方式，成为一个不能分割的具有全民性和内聚性的民族集合体。从中国人文化心理的自我认同感和超越地域国界的群体归属感中可以体会到这种强大的凝聚力。英国著名历史学家汤因比曾说："就中国人来说，几千年来，比世界任何民族都成功地把几亿民众，从政治上、文化上团结起来。他们显示出这种在政治、文化上统一的本领，具有无与伦比的成功经验。"[②]诺贝尔物理学奖得主杨振宁教授说过："我觉

---

① 参见冯天瑜：《中国文化史纲》，北京语言大学出版社 1994 年版，第 1 页。

② ［日］池田大作、［英］阿·汤因比：《展望 21 世纪：汤因比与池田大作对话录》，荀春生等译，国际文化出版社 1997 年版，第 283～284 页。

得中国传统的社会制度、礼教观念、人生观，都对我们有极大的束缚的力量。”① 从中我们可以深刻感受到中国文化的强劲凝聚力。

二、道德至上的伦理型特征

以血缘关系为纽带的宗法制度，不仅是古代中国社会政治结构及其意识形态的决定性因素，也是中华优秀传统文化最重要的社会根基。传承自氏族社会，又在文明时代得到持续发展的守法传统，使得伦理规范和道德教化成为中国社会最重要的存在，从而形成以“趋善求治”为目标的“伦理型文化”，倡导道德至上。

孟子曰：“天下之本在国，国之本在家。”（《孟子·离娄上》）由家庭而家族，再集合为宗族，又形成社会，进而构成国家。这种家国同构、家国一体的社会构造是中国社会生活的底色。宗法制在西周已经完备，保障了社会结构的稳定。宗法制的形成以及守法观念深刻地影响着中国社会生活，创造出每个人都应当遵循的纲常伦理和行为准则，并不断强化人们的认同心理，逐渐形成普遍的社会心理。作为中国文化核心的中国古代哲学，以孝悌的伦理关系为主要依托，重视宗法伦理问题的解决。“君为臣纲，父为子纲，夫为妻纲”的“三纲”与“仁”“义”“礼”“智”“信”的“五常”，最终成为封建社会伦理精神的核心。历代哲学家对于天人关系进行持续不断地思考和探索，也始终沾染着浓郁的伦理色彩。孔子的“仁者爱人”思想充满了伦理精神，汉代董仲舒认为天有善恶之心，宋明理学讲“存天理，去人欲”（《朱子语类·学天·持守》），这都是将自然和社会纳入伦理范畴的体现。以“三纲”“八目”为哲学核心的儒家特别注重对于道德的自觉追求和完善，而道家却显然完全沉浸在“不为境累，不为物役”的精神境界之中，肯定对人性自由的追求，向往能充分展现个体的价值。这些思想虽有相悖之处，但它们在碰撞中相互渗透，使中国哲学充满了浓郁的伦理色彩。

中国古代社会恪守着氏族社会遗留下来的宗法传统，在以伦理道德学说作为维系社会秩序的精神支柱的基础上，大力追求道德修养的尽善尽美，使中国文化形成以求善为目标的“道德型”特征，在中国传统文化中以修身、齐家、治

① 高福进：《挖掘中华传统文化的创造力和影响力》，《长江日报》2016年11月28日。

国、平天下为本，道德比法律更具威力，从而形成了“德治主义”。儒家率先意识到道德对于人生和社会的重要意义，德行成为人们的行为准则、文化教育的中心内容、国家兴衰存亡的重要标志，有无德行则成为行为评价标准和体系。因此，他们主张修身为本，以德服人，正心诚意，“见贤思齐焉，见不贤而内自省也”（《论语·里仁》），他们强调“修身，齐家，治国，平天下”。“修”“齐”的目的是“治”“平”，实现人生理想也是为了实现“天下大同”的社会理想。“仁、义、礼、智、信”成为儒家伦理思想中的重要道德条目，并渗透于全民族的意识之中，孔子的仁学成为宗法思想与封建国家观念之间的中介。之后的魏晋玄学、宋明理学也都利用思辨去满足伦理的需要。2000 多年来，仁人志士莫不把“修、齐、治、平”当作毕生追求的政治理想和道德理想。这种高度重视伦理和道德修养的文化基因，使中国成为礼仪之邦，在当代社会仍能看到中国传统文化这种道德至上的伦理型特征发挥着自己的影响力。德才兼备是我们选拔人才的重要标准，法治、德治成为治理国家的有效理论，社会主义核心价值观的倡导又对我们提出了更高的要求，道德修养和道德品质教育有助于世界观、价值观、人生观的重塑和社会风气的改良，具有重要的现代价值和意义。

三、“重人生、讲入世”的人本主义特征

在中国传统文化中，人被看作是宇宙万物的中心。“人为万物之灵”（《孟子·梁惠王上》）“人与天地相参”（《黄帝内经·灵枢·岁露论》）等观念，都肯定了天地之间人为贵的思想。人被推崇到极高的地位，形成一种的“重人生、讲入世”的以人为本的文化特征，这是中国传统文化的基调。简要地说，人本主义才是中国传统文化的精神核心，西周时期神本主义失去了在中国传统文化中的主导地位。具体而言，可从“以民为本”“民贵君轻”的基本政治理想、以入世的方式处理现世生活、追求道德伦理的人本关怀三个方面来阐释。

首先，“民为贵”的民本主义思想是中国传统文化中人本主义的一个重要体现。“重我民”“施实德于民”说法很早就出现在《尚书》中，《左传》《国语》等典籍中也记载了多处以民为本的观念。“民为邦本”的思想在儒家学说中得到了集中的体现。孔子主张重民、富民、教民，在“民、食、丧、祭”这些世间的大事中，

“民”被列为首位。孟子则提出了“民为贵，社稷次之，君为轻”（《孟子·尽心下》）的著名论点，这成为之后历代开明统治者的政治理念之一。荀子提出了“君舟民水”的著名说法，也是对历代君王的警醒。除了儒家主张“民为邦本”之外，道、墨、法诸家也都有丰富的重民思想。在不断发展的封建社会里，中华优秀传统文化中这种“重民”“贵民”的人本主义特征不断得到丰富和强化。

其次，在中国传统文化中，宗教和鬼神信仰始终是排在人之后的，比起缥缈的鬼神世界、彼岸世界和未来世界，现实人生才是中国人最为关注的。这种重人伦、远鬼神的人生态度及入世主义，鲜明体现了中国传统文化的人文主义精神。在中国的远古时期，由于生产力和思维能力的限制，也产生过原始宗教以及对天命鬼神的崇拜信仰。但自西周起，人类的主体意识开始觉醒，中国思想家已经初步认识到人类自身的价值，神本主义到人本主义的思想转变开始产生。此后，在中国传统文化中，尽管有本土道教的兴起和佛教的渗透，但儒家道德观念和人本思想始终在中华民族的心理和思想意识中占统治地位。在中国，宗教权力从未超越现实政权力量，王权从来都高于教权。即使中国宗教本身也蕴含着一种重视人的人文精神。无疑，这种重现世人生，主张积极入世、轻视鬼神的思想，将人的关注重点拉回到社会人事，有利于中国社会的发展。再次，中国传统文化始终强调“心”的作用，注重个体的内心，肯定个体的心性向善。中国传统文化把人放在一定的伦理人际关系中来定位，从个人与对象（家庭、宗族、国家）的关系上来肯定人的价值，来肯定个体的心性完善，所以中国传统文化的人本关怀带有浓重的道德色彩。

中国传统文化认为人立于天地之间是可以自足的，并不需要依赖任何外在的帮助。若以内、外相对而言，中国文化一般都是重内而轻外的，无论儒家还是道教都有此倾向。儒家以道德为自足之源，道家则以自然为自足之源。对儒家来说，人可自足这种深藏于人类自身的价值之源，是可发扬光大的巨大宝藏。儒家把人的内在道德由内而外扩展，把人性外化为自然，而后再由外在的自然落实到人的心性之中，在心性基础上二者得以统一；道家则是把外在的自然由外向内扩展，使之内化为人的理性，而后使二者在精神中结合。可以看出，虽然儒家、道家的出发点和解释路向都不同，但他们所强调的都是人性的自足性。

在他们看来，既然人性本身如此自足、完善，那外界的力量是没有必要吸取，只需要重视人自身的道德修养就好，人心之内必能寻到良善和幸福，自然也就不必在知识、逻辑、科学、宗教以及法律等上面下功夫了。所以，儒家总是特别重视自身省察，而道教也提倡“自我观照”，甚至中国化的佛教亦有“明心见性”等说教，都是在向内用功，这些命题把人的力量落实到人的身上，在人的生命内扎根，因此并不重视人生之外的东西。宗教是通过信仰向上向外追求，去祈求和依赖力量的帮助，而中国传统文化则重视人的内在力量，通过“心”向里向内追求，这是中国传统文化人本精神的另一个体现。

四、崇尚中庸、追求和谐的和平精神

中庸之道可以说是儒家思想的基本精神，是儒家最推崇的为人处世之道，作为中国传统文化的一个基本特质，整个中国古代的传统观念都贯穿着这种精神，深刻影响了中国传统文化的形成和发展。在《论语》中，孔子提出的中庸观念，是反对过犹不及、反对任何偏执一方的观念，强调中和、和谐。他认为，要用“叩其两端”(《论语·子罕》)的观念来把握事物之对待。在儒家思想中，中庸之道既是一种思想理论，更是道德行为的准则。中庸之道的妙处在于其强调对待事物的度的把握，进而可以在这种思想的指导下，避免和消解人与人、人与社会之间的对立与冲突，这就迎合了儒家努力构造有序道德社会的理想。中庸思想的广为流传，对中国人的伦理道德、思想方法、行为方式都产生了巨大的影响。孔子及以后的儒者也都对中庸思想作了更深刻的诠释。他们认为，按照中庸之道的原则，在政治上，就要以中和的态度处理政治问题；在经济上，要适度施予百姓实惠，不能浪费也不要过于压榨，要使百姓衣食丰足又勤于劳作，有限的满足某些欲望，但不能纵容无限度的贪婪。在伦理道德上，中庸更是被视为最高的道德原则和根本的处世之道，迫使人们认识到行为适度的处世之道。

和谐理论也早在西周末年诞生。史伯强调以不同的元素相配合，才能使矛盾均衡统一，从而达到和谐的效果，“中和”是实现和保持和谐局面的重要原则。“中”的本意不是折中，而是无过无不及，能够适度，恰如其分。如同适当分量的五味相和，才能达到和谐，产生美味。“和”的本意也不是调和，孔子说：“和而不同。”

(《论语·子路》)"和"是与"同"相对而言的,"同"就是同一,完全一致。"和"则是不同,不同的事物或不同的因素,按一定的关系和谐地组合在一起。道家的"不争之德"和中道思想也对中国传统文化中的贵和持中思想产生了巨大影响,但相比之下以老子、庄子为代表的道家中道观比儒家的中道观更具有消极退缩的意味,这对塑造中国人中庸和平的国民性格起到了一定的补充作用。可以说,儒、道两家的中道观互补塑造了中国文化的中庸和平性格,虽然各家之间有许多相异之处,但皆重视内在精神的和谐以及天、地、人和平共处、圆融无碍的精神。

这种崇尚中庸、追求和谐和平的贵和持中的思想饱含文化理性。它已经不仅仅是对宇宙万物发展规律的认识,其意义远远超出了道德领域,成为中国人处理一切事物的根本原则和理想目标,避免了人和事物走向极端,中国传统文化便在这种自由又理性的环境中获得长足发展。崇尚中庸、追求和谐是中华民族的文明精粹,全民族都对这种"贵和持中"的观念表示了极大的认同和接纳,这就使得中华民族无论在任何事情上都非常讲究要保持和谐的局面,由此产生了和而不同、仁爱宽容、团结合作和集体主义等积极向上的民族精神。这些民族精神的凝聚和扩展,对中华民族的稳定持续发展,对中华传统文化的继承和发扬,都有着深远的影响。新时代背景下,在建设社会主义和谐社会的进程中,这种崇尚中庸、追求和谐和平的贵和持中的精神,是我们处理各种矛盾的有利良方,保证了社会主义社会能稳定持久地发展。

第四节　中国传统文化的境界

一、文化的境界

什么是境界?一般对境界问题的讨论主要关涉对人生的思考。境界就是指主体心灵对自然、人生与社会觉悟状态和程度。境界的高低完全取决于觉悟程度的高低,境界越高,越能深刻洞明宇宙人生的真相和事理。现实中每个人的境界皆有高低,人类个体一生的成长进步,说到底就是一个境界提升的过程。

境界内在就标示着方向感，境界提升意味着人生方向的重新标示，提升境界是一种向上的价值诉求，即必须回答提升方向的问题。

在人类生活中，文化与境界的关系密不可分。文化是以外显的方式呈现出人类生活的图景，境界则是人类生活状态和存在方式的内敛性表现。卡西尔认为人是文化的存在，人因其文化而划定了"人性的圆周"。[①] 人只有在创造文化的活动中才成长为真正意义上的人，文化使人从世间万物中脱颖而出。人类文化世界的形成标志着人的"类"意识的觉醒，这表示人类已经在思想上认识到自己与普通的"物"有别，需要在一系列文化实践活动中去探求人生的目的、价值和意义。文化作为划定了"人性圆周"的一个特定领域，它侧重指向人生的目的、价值与意义层面的形而上的生命关怀，而这就引申出了文化的境界问题。人类所创造的文化也恰好就映射了人的境界追求。显然，境界是人的主体精神在文化价值层面的展现和表达，它关涉着人的文化实践的意义与目的层面，只有对人生境界有着不懈追求的文化，才是重视并肯定主体的文化。

从文化的角度来看，境界就是指文化的人文关怀，从积极方面来说，文化指的就是一个社会或民族的精神境界。境界凸显了人的形而上关怀，这可以被看作是一个人性提升的过程。从境界的视角来看，我们就能更容易把握文化的本质。文化境界其实体现了主体对于文化的感受和觉悟程度，从中我们可以看出文化的发展质量。因此，归根结底，文化境界问题其实就是价值问题。境界与文化互相促进、相辅相成。当文化被赋予境界的关怀时，才可以有目的有方向的发展而不至于产生异化，从而走向违背人性的发展方向。个体的人具有主观能动性，其目的和意志使自身能够自主活动，呈现出蓬勃生命力。但在文化中，共同体的无限性会消解掉个体的有限性，然后个体对世界的认知方式及成果将会被吸纳融入到整个人类社会的认知方式和成果中，这就会克服个体境界提升所面临的固有局限性。所以，如果说个体的境界所体现的是人的超越性本质，那么文化的境界体现的就是社会意识的超越性本质。由此可以看出，探究和追问中华优秀传统文化的境界可为当代文化的健康发展确立正确的价值坐标。

---

① 参见[德]卡西尔：《人论》，甘阳译，上海译文出版社 1985 年版，第 87 页。

二、中国传统文化的境界追求

人类文化的宏大景观由不同的文化交织而成，不同的文化各具气象和特色，也可以将这种气象与特色理解为文化特有的境界，文化的境界因此变得丰满和多彩。文化是社会意识的重要内容，其意义与目的就是对最高社会存在的追求，而这个不断追求的过程可以看作是文化自身境界的提升。文化的境界各自不同，其背后是文化所代表的人及其生存形态，差别仅在格调和特色的不同，无高低贵贱之分。正如梁漱溟先生所说："你且看文化是什么东西呢？不过是那一民族生活的样法罢了。"[①]中华优秀传统文化不仅重视理论描述还注重实践体验，像"天人合一""物我合一""道器不离""体用不二""和谐共生"等大智慧就蕴含着非常丰富的哲理，其内在超越品质成就了中华优秀传统文化的独特境界。

（一）中国传统文化中的人生境界

文化的境界是人对宇宙真理的无尽追问，因此，对文化境界的审视也就必须要回归作为文化主体的人以及人对自身之本的无限追问上，也正是如此才确定了文化境界的价值旨归。在中华优秀传统文化的实践中，境界是一种人生格调的体现，也是人生修为到一定层次的体现。中华优秀传统文化的核心就是中国哲学，它的重点落在人生论上，并以人生论为基础不断向外延展，对境界尤为重视。可以说，中国哲学的核心宗旨就是提高人生境界。中国人自古就不太关心宗教，神本主义从来不占据重要地位，只因为哲学才是中国人极其关心的。冯友兰曾说："中国传统哲学的功用不在于增加积极的知识（积极的知识这里指关于实际的信息），而在于提高心灵的境界——达到超乎现世的境界，获得高于道德价值的价值。"[②]从中国哲学的思想来看，人性的升华其实就是以"向善"为导向，不断自我实现和自我超越的过程，在这个过程中自然就有了人生境界的提升。可以说，中国人实现自我人生超越的一个非常重要的标志就是对境界的领悟。

---

① 梁漱溟：《东西文化及其哲学》，《梁漱溟全集》第1卷，山东人民出版社2010年版，第352页。

② 冯友兰：《中国哲学简史》，涂又光译，北京大学出版社1985年版，第8页。

张世英先生把人生境界分为四种:“求欲的境界”为最低的境界,科学的“求实的境界”为第二种境界,“道德的境界”为第三种境界,“审美的境界”为第四种境界。同时他认为,对高远境界的崇敬之情也可以称为“一种宗教的感情”,即“无神论的宗教感情”;中华优秀传统文化在人生境界上的最重要的体现是“知行合一”的道德修养。中华优秀传统文化就蕴含着丰富的“仁爱”“重民本”“守诚信”“崇正义”“尚和合”“求大同”等道德思想和价值追求。而且,以儒家为代表的中华优秀传统文化不仅能够借助“制度化”树立官方权威,更重要的是能通过“生活化”而使其渗透入日常生活,使其成为“百姓日用之道”,从而积淀了坚实深厚的社会基础,深刻影响了国人的思维方式和价值观念,蕴育形成了中国人独特的精神世界。①

中国哲学强调个体的人生理想必须要建立在个体人生境界的基础上才能实现,也就是说要想实现人生理想就必须先完善最高人生境界。以儒家和道家为例来说:儒家、道家作为中国传统文化的主流,都追求超越以求得人生境界的提升。但儒家所认为的成人之道即是以道德境界为人生最高境界的“成圣”之道,能够达到此种境界的理想人格就是“圣人”;道家所提倡的成人之道即是以“万物与我为一”的审美境界为人生的最高追求的“逍遥”之道或“成真”之道,是对道德的一种超越。可以看出,两家虽都强调提升和超越的境界问题,强调个体人生境界是实现理想人格的基础,但路径却有极大不同:儒家“尚有”,主张刚健有为;道家则“贵无”,强调顺应自然。实现路径虽然不同,但最终目标却是极为相似的,都特别强调了“通过超越有限而实现无限与永恒,通过超越有形而进入无形,通过超越小我而成就大我”②。这样的人生境界追求,也体现了中华优秀传统文化中人生境界的人性魅力所在。

(二)中国传统文化中的社会境界

一般情况下,人们对于境界的探讨仅仅限定在个人内心品性上,充满对人生境界的思考和关怀,少有人从社会层面和社会意义上来谈境界。其实,从社

---

① 参见张世英:《境界与文化》,《学术月刊》2007 年第 3 期。

② 邹广文:《论文化的境界》,《马克思主义与现实》2015 年第 2 期。

会意义上来讲，文化的境界就是指民族精神和社会精神。从“小我”与“大我”的统一性来讲，每个个体境界的积聚与凝结最终往往会通过社会、民族精神来体现。同样，社会、民族的精神也是通过每个具体个体的境界来呈现的。无论是个体的人生境界还是社会、民族的精神都是产生于特定社会文化基础之上的。所以说，从社会层面上看中华优秀传统文化的境界，并非是一种“玄学”或空想，它也是人类的某种文化价值诉求的体现和表达。张世英先生精辟地指出：“如果说境界一词只是指个人的精神境界，那么文化则是指一种社会、一个民族的精神境界。一种社会、一个民族的文化是由它所属的成员的个人境界构成的，离开了个人的精神境界，所谓社会文化、民族文化，是空无内容的。”[①]这就说明，个体的人生境界和生活境界其实就构成了社会文化的核心内容，进而形成了整个社会文化的中心。这个中心就体现了整个社会精神的价值指向，是整个社会境界的呈现。理想的社会境界既具有绵延的同一性，是各个个体的内在精神结构的凝结，即特定的人格；同时又外显为某种气象、风度和状态，展开于具体的生活过程和社会的各个层面上。如果仅从个人人生的角度谈文化的境界问题，不能从社会存在的维度去谈境界问题的话，显然是不周全的。

相对于西方哲学较为注重外在超越的特征来说，中国哲学则较为注重内在超越。中国哲学在人生价值的实现方式上注重向内用力，大力提倡“内圣外王”“反身而诚”，在这个过程中，关键是主体要有清明的自觉意识。所谓“君子食无求饱，居无求安，敏于事而慎于言，就有道而正焉，可谓好学也已”（《论语·学而》），讲的就是这个道理。另外，孝道是中华优秀传统文化中理应得到良好传承的精神，具有非常重要的社会价值和意义。“今之孝者，是谓能养。至于犬马，皆能有养；不敬，何以别乎？”（《论语·为政》）此外，还有世人极为推崇的德治思想“为政以德，譬如北辰，居其所而众星共之。道之以政，齐之以刑，民免而无耻；道之以德，齐之以礼，有耻且格”（《论语·为政》）等。“这些儒家的思想文化塑造了中华民族博大宽容的气质，培育了自强不息的精神，打造了不畏强暴的胆识，造就了勤劳勇敢的性格，形成了朴实无华的作风，已成中华民族凝聚力

① 张世英：《境界与文化》，《学术月刊》2007年第3期。

量、繁衍的源泉。”[①]因此，从社会层面上来看，中华优秀传统文化的境界无疑具有相当高的层次。

儒家文化塑造了中国传统文化的人伦境界与治国境界，体现了在治国理政方略。首先，古人认为君子修养的合理顺序应是“修身，齐家，治国，平天下”，要求个人不仅要“独善其身”，而且还要有“兼济天下”的宏伟志向，并在中华优秀传统文化发展的进程中，不断提出符合时代要求的、富有中国特色的社会主张和政治理想，体现了平治天下的担当精神。其次，以民为本的核心理念在社会治理中得到了很好的实践。早在古代社会，思想家们就提出了“民惟邦本，本固邦宁”(《尚书・五子之歌》)的说法。儒家思想中更是蕴含着丰富的“敬德保民”“民者君之本也”等一系列思想观点，告诫君主要以人为本，重视民生。再次，“和”作为中国古代最早形成的哲学观念之一，农耕经济是其萌生的肥沃土壤，并在此基础上逐渐发展成为一种基本思维方式和价值理念。爱好和平、崇尚和合早已成为融入中华民族精神世界和国人血脉之中的精神特质。因此，在几千年的历史中，中华民族不仅在内部着力维护国泰民安，同时也秉承着和而不同的精神，力倡不同国家与民族之间要加强深入了解和相互尊重，从而致力于争取更高层面的和平与发展。

（三）新时代的文化境界与发展境界

随着社会物质财富的急剧增长，当代中国社会的各个方面发生了深刻变革。但物质财富的激增并未提高人们的幸福感，也未给人带来更多的归属感、赢得更多的尊严。现代人反而在心理上有了巨大的压力，物质世界和精神世界呈现出严重失衡的状态，这种情况无形之中就导致文化的超越本性被淡化甚至遮蔽。与此同时，文化的实用功能却被放大，现代人陷入价值选择的困境。在当下的文化生活背景下，我们讨论中国传统文化的境界问题就显得尤为迫切。国学大师王国维认为一个人有境界则自成格调。当代著名学者张世英先生也认为：“个人的精神境界（性格、人格、对世界的态度等）又是在他所属的社会文化、民族文化的影响下形成的，既受自然环境、自然条件的制约，更受文化环境

① 赵家治：《〈论语〉的人生智慧》，吉林文史出版社 2011 年版，第 2 页。

的熏染。要提高个人的精神境界，最重要的是弘扬民族文化。”[①]可以看出，文化境界实则决定发展境界。人生需要一种境界，民族复兴更需要一种境界，中华优秀传统文化的境界决定着中华民族的发展境界。

文化传承着历史也引领着未来，是民族的血脉，是人民的精神家园。党的十八大报告确立了建设社会主义文化强国的发展目标，政府工作报告又强调要把文化改革发展纳入经济社会发展总体规划之中，为今后的文化建设指明了发展方向。党的十八大以来，以习近平同志为核心的党中央高度重视文化建设，提出来的一系列新观点、新思想，不仅深刻体现了对中华优秀传统文化的正确认知，而且站在提升文化软实力及国家整体实力的高度，对如何发挥中华优秀传统文化的独特作用，如何进行文化改革发展做出了明确要求，这是新时期中国共产党人对传承和发展中华优秀传统文化的坚定信念和自觉追求的表现，也是共产党人在新时期对中华优秀传统文化境界的新认知和新实践。习近平在十九大报告中提出，要坚定文化自信，推动社会主义文化繁荣兴盛，要坚持中国特色社会主义文化发展道路。从文化与境界的互动角度可以看出，新时代的重要任务是要以良好的文化境界不断增强中华优秀文化的对内凝聚力和对外影响力，以良好的文化境界不断提升文化良性发展的新境界，切实将中华优秀传统文化的资源优势转化为文化的发展和竞争优势。十九大报告中再次着重强调了“创造性转化，创新性发展”这个重大文化方针，体现了我们党在新时代、新征程中对文化发展之责任、使命与路径的清醒认识和切实实践。

首先，在昂首迈向新时代的新形势之下，国民道德素质和文化素养的提升成为迫在眉睫的问题。人与文化是一种同构互塑关系，人创造了文化，文化反过来也会塑造人。同时，个体人生境界的形成背景是整个民族文化的大背景，一个人出生后所面对的各种文化环境，所接受的教育水平，都会深刻地影响他的人生境界，每个人都因不同的社会文化和民族文化的影响而形成不同的人生境界和价值取向。所以，个人在学习和弘扬民族文化的过程中，要学会对自我进行不断的反省和超越，才能最终达到提升个人人生境界的目的。只有如此，

---

① 张世英：《境界与文化》，《学术月刊》2007年第3期。

社会文化才能持续健康的发展。我国思想道德领域的建设已经得到党和国家的重视，中华传统美德已被明确要求纳入以社会主义核心价值观为代表的中国特色社会主义道德规范体系之中。只有对中华传统美德进行传承、创新和发展，才能为社会主义核心价值观的涵养注入强大的生命力和持久的影响力。儒家的道德教化学说向来主张道德规范的知识性与实践性要获得统一，才能得到良好的发展。现阶段要对不同年龄、层次的群体的实际需要和特征进行了解，从而研究出培养不同群体道德意识和道德行为的不同方法和路径，对症下药才能够事半功倍。要在更深刻了解中华优秀传统文化的基础上，在培育和践行中华优秀传统文化滋养、孕育出的社会主义核心价值观的过程中，不断增加广大民众对中华优秀传统文化境界的感知和领悟，使其日常化、具体化、形象化、生活化，从而促使社会主义核心价值观能在真正意义上内化于心、外化于行，实现其作为精神支撑和鼓舞力量的作用。

中国传统文化的境界决定了承继传统文化所具有的重要时代价值。纵观世界，无论是西方发达国家还是日本、韩国等东方国家，尊重优秀传统文化始终是文化发展过程中秉持的原则，即使是在社会剧烈激荡的现代转型期也从未放弃。中华优秀传统文化有着别具一格的思维方式和价值追求，面对博大精深的中华优秀传统文化，中国人委实要充满文化自信。中国特色社会主义理论强调要重视中华文明历经5000年所积淀的精神特质以及中国传统文化的文化境界，从而明确中华优秀文化传统的独特性是中国特色社会主义之“特”的重要内容，这无疑是在文化层面对中国特色社会主义理论体系的丰富和发展。中华优秀传统文化早已深深浸入中华儿女的血脉之中，已然成为中华民族最为独特和闪亮的精神标识。在几千年的历史发展过程中，丰厚的中华优秀传统文化不断滋养着中华民族，使其生生不息、发展壮大；而在当下，中华优秀传统文化的崇高境界和繁荣发展，也必然是中华民族伟大复兴进程中的巨大推动力与支持力。而要想传承和发扬中华优秀传统文化，必须要引导促进传统的价值理念、道德规范与现代社会的发展相适应、协调，大力推动中华优秀传统文化的创造性转化和创新性发展，

从历史角度来看，人类社会的走向往往需要一种由衷的使命感的推动，而

这种推动力的大小往往取决于人类文化境界的高低。新形势下，党和国家在治国理政方略中吸收融合了中华优秀传统文化之精华，自觉担负起引领实现中华民族伟大复兴的历史使命，阐述了中国梦的伟大构想。中国共产党作为人民利益的忠实代表者，始终坚定不移地从人民群众的根本利益出发，践行民生为本的核心理念，以实际行动服务人民群众，为人民群众谋幸福。这既是对马克思主义唯物史观的继承和发展，也是对中华优秀传统文化中民本思想的现实演绎。此外，中国坚定不移走和平发展的道路，弘扬与崇尚和合的中华优秀传统文化气质，秉持着和而不同的思想，力促不同国家和民族间的了解和尊重，并在合作共赢的基础上力争实现最广泛领域的和平发展，这种和平外交的理念和方式，是中华优秀传统文化在当代适应时代的体现，充分展现了中国的大国风范。

通过中国传统文化的境界的探讨，可以发现中国传统文化的核心价值所在。只有始终坚守中华文明精神特质，不断深入发掘中华传统美德的时代意义，不断提高文化自信和文化自觉，推动社会主义核心价值观的培育和践行，积极营造“百姓日用而不觉”的文化氛围，才能不断推动中国特色社会主义文化的发展，使中华优秀传统文化再创辉煌。

第二章　齐鲁文化的内涵及历史影响

中华文化丰富博大，齐鲁文化作为其中的一支别具特色的地域文化，也有着其丰富的内涵。齐鲁文化，其实并不是一种单一的文化，而是融合了齐文化与鲁文化之特色而形成的一支地域文化。以孔子为代表的儒家思想是春秋时期鲁国文化的代表，而齐国则由于其濒临近海的缘故，主要代表文化是当地土著文化（东夷文化），齐鲁文化则是将两种各具特色的文化合而为一，综合发展后的产物。齐文化和鲁文化具有非常大的差别，侧重点有很大不同。总的来说，鲁文化较重伦理，而齐文化较尚功利；鲁文化较重守成，齐文化则较为注重创新。如此不同特点的两种文化逐渐融合在一起，从而赋予了齐鲁文化丰富多彩的文化形式和历史内涵。

“齐鲁”之得名，应从先秦两大国家齐国和鲁国的历史说起。齐国和鲁国是西周初年到东周末年位于现山东境内的两个诸侯国，是当时西周的封地，其诸侯权力巨大，可以代行统治权。齐国和鲁国的建立，是因为当时东部沿海地区的殷人和东夷人逐渐形成实力庞大的部落，且叛乱之心日起，最终发起叛乱之举。叛乱最终由周公东征而平定，为了安抚和更好地统治殷人和夷人，周公和姜太公分封于商奄和薄姑旧地，来对两地进行统治和管理，如此便诞生了鲁国和齐国。由于齐、鲁两国地理位置不同、人文环境也有很大的差别，再加上两位首领的治国理念都不尽相同，从而促使了齐文化和鲁文化这两大文化体系的形成。此后，齐文化和鲁文化历经西周、春秋、战国时期，并在这长达 800 多年的时间里，逐渐趋于丰富和完善，并各自形成鲜明的风格。比如，齐国对当地的东夷文化进行了吸收和发展，出现了大批著述丰富的思想家；鲁国则形成了以孔子为代表的儒家思想学说，对后世文化的发展产生了重要的影响。虽然齐文化和鲁文化各有特色，但由于齐、鲁二地是相邻之地，文化的交流是不可避免的。由此，两国文化逐渐融为一体，齐鲁文化就此诞生。从某种意义上来说，两国文化融合的最大价值不仅是赋予两个文化更为丰富的历史文化内涵，而且这种文化的一体化，更形成了一个齐鲁文化圈，并衍生出"齐鲁"这个地域概念。因山东省区范围与齐鲁之地大致相同，所以"齐鲁"就成了山东的代称，也出现了我们常见的"齐鲁大地""齐鲁山河"等称谓。

第一节　齐鲁文化的内涵及特点

从历史渊源来看，齐鲁文化的发源大概是距今5000年以前的东夷人。经考古发掘，山东地区发现有相关的多处遗址和大量文物，都在很大程度上证明了齐鲁地区曾经是一个文明程度相对高的区域。据此，考古学者推论出东夷文化是沿着后李文化（距今8500～7500年）—北辛文化—大汶口文化—龙山文化—岳石文化（距今约4000年）这一文化谱系演化和发展来的，既有文化传统上的一脉相承又在此基础上保持着相对的独立性。这些文明程度较为发达的史前文化，正是齐鲁文化形成和发展的深厚根基。

公元前11世纪，周朝建立，实行分封制。其中战功显赫的姜尚被封于营丘（今山东临淄），并建立齐国；殷人的旧都奄（今山东曲阜）则由周武王的弟弟周公旦来统治和管理，建立了鲁国。文献中对齐、鲁两国的封地情况有着大量的记载。《尚书·禹贡》中说，"海滨广斥""厥土白坟""海物惟错"是齐国之地的特色；《尔雅·释地》也有"齐曰营州""齐有海隅"的说法。我们从中可以看出，齐国是一个沿海国家，拥有着漫长海岸线，海产品丰富；但同时土壤盐碱化程度较高，农业很不发达，所以鱼、盐等海产品是其主要朝贡之物。《尚书·禹贡》对鲁国的描述则是"厥土：黑坟，厥草惟繇，厥木惟条"，由此我们可以看出鲁国为内陆国家，土壤肥沃，草木旺盛，不仅适宜农作物生长，而且畜牧业、养蚕业也十分

发达。由此，我们可以看出齐、鲁两国无论是自然环境还是地理位置都大不相同，这也就决定了他们所孕育的文化乃至其他领域也将会有很大差异。

从治国理政的方略来看，两个国家也各有特色。齐国姜太公的治国特色可以用“尊贤尚功”来形容，即不讲求血缘亲疏和宗法情感，不任人唯亲而任人唯才，崇尚功利。《史记・齐太公世家》中如此记载：“太公至国，修政，因其俗，简其礼，通商工之业，便鱼盐之利，而人民多归齐。”姜太公治国路线对于齐国的发展影响至深，也正因如此，齐国才成长为春秋战国时期的东方大国。姜太公之后，管仲进一步继承和发展了齐太公的治国方略，更将齐国推向另一个发展高峰。《史记・管晏列传》中有言：“以区区之齐在海滨，通货积财，富国强兵，与俗同好恶。故其称曰：‘仓廪实而知礼节，衣食足而知荣辱，上服度则六亲固。四维不张，国乃灭亡。下令如流水之原，令顺民心。’故论卑而易行。俗之所欲，因而予之；俗之所否，因而去之。其为政也，善因祸而为福，转败而为功。贵轻重，慎权衡。”从中所体现出来的“令顺民心”的政策正是齐太公的随从民俗政策的继续和发展。从以上我们看出，重变革、尚功利、尊贤才、重兼容是齐文化的主要特点。

鲁国的治国方略则与齐国大不相同。鲁国建立后，周公事实上仍是周王的辅佐者，所以鲁国实际上的掌权人是周公之长子——伯禽。伯禽按照周公旦“尊尊而亲亲”的既定方针，其治理鲁国的方略延续了周朝的特色，将周礼引入鲁国，鲁国之人皆接受了周礼之教化。但伯禽并没有操之过急，将东夷之风俗尽快尽数地废去，而是采取了“变其俗，革其礼，丧三年然后除之”(《史记・鲁周公世家》)的方略，由此采用缓慢的节奏从根本上变革了东夷本土俗礼，这样既没有引起东夷人的反感，又将鲁国变成了宗周文化在东方的据点，周礼的引入更让鲁国成为东方的“礼仪之邦”。

前已提及，鲁国的农业、手工业等发达，但是商业相对落后，对于土地的依赖致使鲁国人安土重迁，也比较乐于接受礼之教化。所以，鲁国在此后的几百年中，无论是宗法制度还是礼乐文明都获得了很大的发展，成为保存周代典章文物最丰富和完备的国家，也成为一个显著的东方文化中心和样板。这样的文化氛围赋予了鲁国强大的生命力，所以即便在西周衰落之后，“礼崩乐坏”之势侵袭中原各国之时，受周代礼乐文化熏陶至深的鲁国文化仍然保持着其生命力，成了宗周礼乐文化的集中所在。此后，鲁国文化便自居为周文化的正统，所以才有“周礼尽在鲁矣”(《左传·昭公二年》)之说。

鲁地悠久的历史、丰富的文化内涵、周礼的权威等因素聚合起来便使鲁国成为一个古老的文化中心，这为以孔子为代表的儒家学派的产生与发展提供了肥沃的土壤。而孔子对鲁文化所做出的主要贡献就在于他建立了一套以“仁”为核心、以“礼”为架构的文化理论思想体系，并成为当时影响最大的显学。关于鲁文化的特征，学者们的论述很多，意见也基本一致。概而言之，就是以“礼乐文化”“礼仪文化”来表述鲁文化，具体表现为重礼、重德、重义、重亲情、重传统等方面。从经济方面来看，鲁文化表现出重农尚俭、重义轻利的特点。从《史记·货殖列传》中的记载我们可以看到，“沂、泗水以北，宜五谷桑麻六畜……鲁好农而重民”。这正说出了鲁国关注农事及农民，重视农业生产的经济活动特征。而鲁国所采取的政策也多是针对农业的。如“节用而爱民，使民以时”(《论语·学而》)。为了推动农业经济的发展，鲁国于公元前 594 年制定并推行了“初税亩”政策，取得了良好的效果。鲁国的手工业也比较发达，出现了鲁班、墨子等一大批能工巧匠，但农产品和手工业品却很少用来交换。有人认为这与鲁国重义轻利的观念有关。如《论语》中有很多重义轻利的言论，这不仅是孔子儒家的主张，也反映了当时鲁文化的义利观。其实，无论是鲁文化还是儒家文化，对于商业并没有明确的限制。如孔子对于富贵不仅不反对，而且认为富贵是人正当的欲望，追求富贵是每个人的本能，这就是所谓的“富与贵，是人之所欲也”(《论语·里仁》)。但孔子强调“不义而富且贵，于我如浮云”(《论语·述而》)，也就是说人要采取正当手段来获取财富，只有这样得来的财富才是值得追求和肯定的，反之，不以正道得来的富贵则不值一提。儒门弟子中也出了像子贡那样的富可敌国的“儒商”，对于子贡的成就孔子非常赞赏。后随着社会的发展和变化，后期鲁国的人们“好贾趋利”，注重商业活动，而且大有后来居上之势。可见，鲁文化虽然重视农业，但也并非一味排斥商业。

文化的发展从来都不是一个独立进行的过程，我们虽然对齐国和鲁国的不同文化特点进行了阐述，但同时也应看到齐文化和鲁文化的相通点以及二者的

交流与融合。实际上，由于齐国与鲁国在地域上的相邻与相连，两国文化始终有较为密切的文化交流，并且在这个过程中，两国文化也始终保持着相互吸收和借鉴的状态，彼此影响甚深。大约在战国中期之后，正处于稷下学宫最为兴盛的时期，促使了齐鲁文化的进一步交流与融合，并开始出现了“齐鲁”这个并称，这是齐鲁文化发展的一个里程碑。从此，齐鲁文化开始作为一个综合体登上历史舞台，开启了发展的新阶段。秦汉时期，国家处于大一统状态，作为一个相对独立区域的齐鲁大地，虽然文化特点有较大的差异性，但是这种大一统状态更促进了两支文化的进一步融合。到了汉武帝时期，儒家学者董仲舒从其他各家之中吸收了大量丰富的思想，并用以改造儒学，其“罢黜百家，独尊儒术”的思想主张被汉武帝采纳后，使儒学确立了独尊的地位。但此时董仲舒的儒学已经与孔子时期的儒学大为不同，它集齐、鲁文化的精华于一体。所以，与其说儒家思想是中华传统文化的主干或核心，毋宁说，齐鲁文化是通过儒家思想统治地位的确定而成为了中华传统文化的主干。[①] 虽然如此，齐鲁文化作为地域文化来讲，仍然有着极为鲜明的特点，我们可以从以下几个方面加以了解。

一、历史悠久，源远流长

齐鲁地区的历史可以追溯至人类远古时期，是中国古代文化发源地之一。早在四五十万年前，鲁中南地区就有沂源猿人活动的踪迹，他们是后来的齐鲁土著居民东夷族的祖先。此后，在齐鲁大地上先后出现了北辛文化（约前5400～前4100年）、大汶口文化（约前4300～前2500年）、龙山文化（约前2500～前2000年）。但从其本质特点而言，它们都属于东夷文化。应该说，齐鲁文化的最直接源头就是东夷文化。历史上曾有多位皇帝到过山东巡游，而且史料中也有不少相关的记载。如炎帝、少昊徙都曲阜的事迹，黄帝在寿丘出生的传说，舜耕于历山的事迹，等等。悠久的历史使山东保留着众多的遗址与传说。此外，齐鲁大地还拥有中国最早的城邦——城子崖龙山古城、最早的古代军事防御工程——古齐长城以及洛庄汉墓等。

① 参见王志民：《齐鲁文化与中华文明》，《中国发展》2002年第2期。

二、学派众多，影响深远

齐鲁文化博大精深，在春秋战国时期，齐、鲁两国是诸子百家荟萃之地，儒家、墨家、名家、兵家、阴阳家、黄老道家、方技、数术、巫医等众多学派都云集于此，思想的碰撞与文化的交流迎来了中国文化史上“百家争鸣”的新时代。齐、鲁文化就这样得到不断丰富和发展，特别是汉武帝独尊儒术以后，齐、鲁文化的“重心”位置更得到凸显。齐、鲁两地一时间名人辈出，学术繁荣，齐、鲁已经不仅仅代表一种地域文化，更成为“天下之学”。这种由地域文化上升为中华文明核心的历史蜕变，极大地促进了齐鲁文化的发展，同时，也对整个中国文化的发展进程和方向产生了巨大的影响，成为中国的人文圣地和文化主流的代表。其后的 2000 多年里，以孔孟之乡、礼仪之邦为标志的齐鲁文化，对于民族凝聚力的增强，国家统一的维护以及中华文明的发展，有着其他地域文化无法比拟的影响力。这既是民族认同的标志，也是维护国家统一的精神支柱。无数海内外华夏儿女无不怀着崇敬的心情来到齐鲁大地，拜孔子、朝圣贤、读其书、观其迹、想见其为人，接受文化感染与熏陶。

三、资源丰富，形式多样

齐鲁文化有着丰富的资源优势，比较有代表性的如民俗文化、泉水文化、滨海文化、旅游文化、名人文化、运河文化、宗教文化、节庆文化等，都有着鲜明的特色。在民俗文化中，有剪纸、面塑、泥塑、皮影、烙画、微雕和脸谱等民俗全国闻名，山东潍坊的杨家埠年画和山东高密的扑灰年画也都因其独特性而入选全国第一批非物质文化遗产。在旅游文化中，较为有代表性的当属泰山、曲阜“三孔”，这些都已经成为国内外知名的旅游景区，是来到齐鲁大地旅游的必去之地。除了这些开发相对充分完善的景区之外，还有一些正在开发的优秀文化遗产，诸如齐文化发祥地齐都临淄、殷商发祥地商都曹县等，“武圣”孙子、“科圣”墨子、“书圣”王羲之的故里也都坐落在齐鲁大地上。此外，齐鲁之地还拥有胶东半岛及 3000 公里海岸线，这些也都已经形成了著名的沿海风景名胜旅游区。齐鲁的名人文化更是丰富无比，除了诸子百家里的孔子、孟子、颜子、曾子、管子

等诞生在齐鲁大地外，巨匠鲁班、“医圣”扁鹊、“笔圣”蒙恬、“算圣”刘洪、“智圣”诸葛亮、“农圣”贾思勰、文学评论鼻祖刘勰、爱国词人辛弃疾、短篇小说家蒲松龄等，都是齐鲁文化中的杰出代表。① 山东在历朝历代可谓是名家辈出，在济南历下亭“海右此亭古，济南名士多”的联语就是杜甫有感而发留下的著名诗句。

四、兼容并蓄，重礼尚德

鲁文化的特点是以“仁”为核心，强调伦理，尊重传统，形成崇仁、重礼、尚德、贵和的文化特征；而齐文化则讲求革新，崇尚功利。早在姜太公受封于齐国时，将周礼的部分内容与东夷本土文化和民俗相结合，在着力建立礼乐制度的同时，又注重发展经济、健全法制，不断增强自身的实力。至齐桓公和管仲形成霸业，后又有晏婴治齐，政绩卓绝。以《管子》为代表的齐文化，礼法并重、农商同举、义利兼顾。因此鲁文化与齐文化的汇合与互补，使得山东的古代文化既重视人文价值理想，又重视现实国计民生；既注意道德礼乐的建设，又注意行政法规的完善；既保持厚重的历史传统，又能宽容开放。② 齐文化和鲁文化在其发展过程中优势互补，各取所长，从而成就了齐鲁文化独特的文化气质。在历史进程中凭借自身深厚的文化积淀、兼收并蓄的学术风格、大量涌现的学术人才，奠定并确立了齐鲁文化在中华优秀传统文化中的地位。

第二节　孔子与齐鲁文化

春秋后期，孔子创立了儒家学派，并逐渐成为齐鲁文化的主流与核心。儒家文化上承文王仁德与周公礼制，构建了以“仁”与“礼”为核心的儒家伦理思想体系，从而使齐鲁文化在其后 2000 余年的中国古代思想文化发展史中，始终居

---

① 参见王修智：《齐鲁文化对山东的深远影响》，《理论前沿》2008 年第 13 期。

② 参见牟钟鉴：《齐鲁文化之特色与贡献》，《文史哲》2005 年第 1 期。

于轴心地位。

孔子，名丘，字仲尼。生于鲁襄公二十二年（前551），卒于鲁哀公十六年（前479），鲁国陬邑（今山东曲阜东南25公里）人。孔子的祖先是微子启的后代，贵为宋国贵族。但在一次宋国内乱之中，孔子先祖孔父嘉被杀，为了避祸，其后代防叔逃至鲁国，家道由此中落。孔子之父梁纥于其少年之时便去世了，其母颜徵便带孔子迁居至鲁国都城曲阜。幼时的孔子常以陈俎豆、设礼容为戏，深受鲁国礼乐传统的影响。鲁昭公七年（前535），那时的孔子刚好十六七岁，鲁国执政大夫季武子设宴待士，孔子决定前往赴宴。结果遭到了季孙氏的家臣阳虎的阻挠和羞辱，其言语之间认为孔子不具备参宴的资格。因为孔子的祖先虽然曾是贵族，但到了父祖辈时只不过是个邑宰罢了，这样的小官，在执政的贵族眼里是微贱的。自受到阳虎的侮辱之后，反面的刺激更使孔子发奋学习，并正视现实。为谋生计，年轻的孔子经常去从事一些低微的职业。除了为人做相礼之外，他还做过委史（管理仓库的小官）、成田（管理牛羊的小官），对于这些小职务，孔子也态度认真，做出了很大的成绩。《孟子·万章下》对此就有记载，孔子在职期间，管理仓库，账目便清明无错，哪怕管理牛羊，也能把牛羊养的膘肥体壮。孔子自其30余岁之时，便开始了授徒讲学的生涯，随着其学生的增多，学说的丰富，其影响力也越来越大。鲁定公九年（前501），孔子出任中都宰，颇有政绩，后升任司空和大司寇。定公十年（前502）齐鲁夹谷之会，孔子相礼，助鲁国兵礼并用，收回被齐国侵占的土地。在55岁时，为了宣传自己的政治主张，孔子率弟子离开鲁国，开始了历时14年的周游列国的生涯，他们先后到过卫、曹、宋、郑、陈、楚等国。鲁哀公十一年（前484），季康子以币迎孔子，孔子归鲁，时年68岁。鲁哀公和季康子虽常向孔子问政，但终不起用。晚年的孔子致力于教育，整理典籍，删修《春秋》，其思想言行记载在《论语》中。

司马迁在《史记·孔子世家》中这样评价孔子："孔子布衣，传十余世，学者宗之。自天子王侯，中国言六艺者折中于夫子，可谓至圣矣。"这道出了孔子在中华礼乐文化发展史上的重要地位。就鲁文化来讲，孔子的主要贡献主要表现在三个方面。

一、创立了影响深远的儒家学派

据有关文献记载，儒作为一种职业很早就产生了。胡适在《说儒》中认为，春秋时期的儒大概是殷朝的遗民，他们穿着古衣冠，习行殷的古礼，替人家主持丧祭礼仪。但是，由于这种职业地位日渐低微，收入菲薄，既无固定的财产与收入，还要看主人的脸色行事。到了孔子的时代，儒这一阶层已发生了相当大的分化，他们中的一些人不甘于那些原来的低贱职业——“小人儒”，希望成为“助人君顺阴阳明教化”的“君子儒”。一大批人追随孔子，成了“祖述尧舜，宪章文武，宗师仲尼”（《汉书·艺文志》）之徒——儒家弟子，新的儒家学派出现了。孔子总结了尧、舜、禹、汤、文、武、周公以来的古代文化遗产，深入研究了历史与现实提出的政治问题和文化问题，从而以仁和礼为核心建构了自己的理论体系，奠定了儒家学说的理论基础。与之前的文化传统相比，孔子的儒家思想具有显著的特色。第一，儒家思想注重人的因素，重视人生价值，提倡人的道德修养和人格的独立与完善，主张仁者爱人。第二，具有积极的入世精神，关注现实，关注社会问题，希望社会上下和谐，不仅主张臣民“事君尽礼”“事君以忠”，还要求君主“为政以德”“君使臣以礼”（《论语·八佾》）。第三，与前者相联系，“以德治国”意味着要看重下层民众的力量，儒家希望实行“仁政”，主张“使民以时”，则是爱惜民力，关心人民生计，有一定的民本主义色彩。第四，孔子主张“敬鬼神而远之”（《论语·雍也》），有鲜明的人文主义精神。因此，儒家对于文化传统格外强调，积极培养人才，发展文化教育。第五，提倡“中庸”“中和”，不仅注重人际和谐、社会和谐，更注重天人和谐、人与自身的和谐。孔子的这些理论，正是儒学的理论根基。

二、兴办私学，宣传和实践自己的思想主张

私学产生以前，学在官府，教育由贵族阶级垄断。孔子作为从贵族阶级没落而来的下层的士，他首先竖起私学的旗帜，招收弟子，推动了学术的下移。这样，文化在民间的传播，冲破了原来由贵族垄断文化的局面。据《史记·孔子世家》载：“孔子以诗书礼乐教，弟子盖三千焉，身通六艺者七十有二人。”孔门弟

子，按入门早晚有“先进”与“后进”之分。先进弟子从学于孔子离鲁周游列国之前，主要有子路、冉有、宰我、子贡、颜渊、闵子骞、冉伯牛、仲弓、原宪、子羔、公西华等；后进弟子从学于孔子离鲁之后，主要有子游、子夏、子张、曾参、有若、樊迟、漆雕开等。他们各以所学闻于天下，传于后世，对传播、阐扬孔子儒学，发展鲁文化，都做出不同程度的贡献。其次，孔子的思想初步形成以后，他的一生都在为宣传和实践自己的学说而努力。在《孔子家语·相鲁》中记载，孔子出仕为中都宰，便使这里“长幼异食，强弱异任，男女别涂，路不拾遗，器不雕伪”；《史记·孔子世家》也有记载：“孔子为中都宰，一年，四方皆则之。”他为大司寇，史称“三月大治”。孔子仕鲁，连齐国都感到不安，认为“孔子为政必霸”，说明孔子以道治国十分得力。孔子在齐国时，景公问政，他回答说：“君君，臣臣，父父，子子。”（《论语·颜渊》）他希望以礼治国，君臣各安其位，各尽其责。他斥责无道的政治，批评不合礼的行为，即使在周游列国时，也不忘宣传自己的政治主张，从而使自己的思想主张在各地产生了影响。

三、保存和整理了大量古代文献

孔子整理文献的对象主要是所谓“六经”，即《诗》《书》《礼》《乐》《易》《春秋》。他对“六经”的整理方式各不相同，分别来说即删订《诗》《书》，修起《礼》《乐》，赞《易》，修《春秋》。这对于保存、传播这些古代文化典籍，无疑做出了巨大的贡献。孔子对《诗》《书》《礼》《乐》的整理在周游列国时就开始了，而对《易》的研究则是50岁以后的事。《易》为卜筮之书，其中有丰富的思想内容。孔子赞《易》，阐发其中的哲理，成《易传》或称《十翼》，《十翼》即《彖传》（上、下）《象传》（上、下）《系辞》（上、下）以及《说卦》《序卦》《杂卦》《文言》。《史记》和《汉书》也说《易传》为孔子所作。史籍中称孔子对《春秋》是“修”，即依据鲁国史记，按照自己的标准，“笔则笔，削则削”，托古见意，隐微地表达了自己的观点，内含了孔子一贯主张的纲常名分和与之相应的礼制。这些文献不同程度地记录、反映了夏商周尤其是春秋时代的社会生活情况，这不仅在我国，而且在世界上都是十分难得的文化瑰宝。

总之，孔子确立了儒家文化的基本框架，形成了齐鲁文化的主体内容。孔

子所传授的三千弟子，如“十哲”“七十二大贤”等，正是传播与推行鲁文化的基本队伍。至孔子，鲁文化的基本格局即已形成，鲁文化的地位与影响，也渐为社会与历史认可。孔子所创建与奠基的儒学思想体系，孔子所删订、确立的儒家基本典籍，也是齐鲁文化主体内容之所在。

第三节　墨子与齐鲁文化

在齐鲁大地上，除了孔子和他所创立的儒家学派以外，墨子与他创立的墨家学派也很有名。在先秦诸多学派的争鸣中，其影响最大者，当数孔子、墨子。韩非曾撰《韩非子·显学》称：“世之显学，儒、墨也。儒之所至，孔丘也。墨之所至，墨翟也。”孟子也说过：“杨朱、墨翟之言盈天下，天下之言，不归杨，则归墨。”（《孟子·滕文公下》）从中我们可以想象出墨家学说流布天下的盛况。儒、墨显学俱出于鲁，足见鲁文化在当时社会之重要地位。

墨子（约前 468～前 376 年）名翟，姓墨氏，鲁人。近人考其里籍为今山东省滕州市。他出身平民，精通手工技艺，可与鲁班相比。墨子曾做宋国大夫，却自称是“鄙人”。他对春秋战国之交动荡的社会现实深有感触，同情广大的小生产者。墨子活跃在孔子成名之后、孟子成名之前，曾经学习《诗》《书》《春秋》等儒家典籍，后另立新说，聚徒讲学，成为继孔子之后中国教育史上又一位从事大规模私人讲学的教育家。除了从事教学活动外，墨子一生还奔波于鲁、宋、卫、楚、魏等各国，宣传自己的政治主张。墨子的门徒被称为“墨者”，他们多属社会下层的人员或游侠，并具有严密的组织纪律，形成了一个学派——墨家。墨家学派的活动中心在鲁国，后来发展到楚国、秦国等地，影响巨大，成为春秋战国之际的主要流派，是九流十家中的大家。墨子及墨家学派的思想保存在《墨子》一书当中。《汉书·艺文志》曾说“《墨子》七十一篇”，但在今天我们能看到的只有 53 篇，分为“墨经”“墨论”“杂篇”三类。《亲士》《修身》《非儒》《经上》《经下》《经说上》《经说下》《大取》《小取》等篇一般被认为是墨子本人所写，称为“墨经”；从《所染》到《非命》等 28 篇带有“子墨子曰”字样，应是墨门弟子根据见闻记录下来的墨子的思想与言行，称为“墨论”；从《耕柱》到《杂守》等16篇虽然也是记载墨子的言行思想，但体例有别于前两种，被称为“杂篇”。当前《墨子》的通行本有清人孙诒让的《墨子闲诂》，郭沫若在《青铜时代》中有《墨子的思想》专章，在《十批判书》中有《孔墨的批判》专论，可作参考。

墨子的主要思想主张有“兼爱”“非攻”“尚贤”“尚同”“天志”“明鬼”“非乐”“非命”“节用”“节葬”等。其中，“兼爱”是墨子思想体系的核心。所谓“兼爱”，就是说人与人应该平等相爱，不能有人、己、亲、疏的区别。墨子认为，当时之所以出现“国之与国之相攻，家之与家之相篡，人之与人之相贼，君臣不惠忠，父子不慈孝，兄弟不和调”（《墨子·兼爱中》）等社会丑恶现象，都是“天下之人皆不相爱”的缘故。既然如此，那么在墨子看来，“兼相爱，交相利”便是改变这种状况的妙方。具体说来，就是要求君主“视人之国若视其国”，家主“视人之家若视其家”，每个人“视人之身若视其身”，这样就能实现墨子所向往的“强不执弱，众不劫寡，富不侮贫，贵不傲贱，诈不欺愚”（《墨子·兼爱中》）的太平世界。

由“兼爱”派生出来的是“非攻”命题。春秋战国时期，战争频繁，而且规模越来越大，给人民带来巨大的灾难。墨子反对战争，常常为了制止某一场战争而奔走，传诵千古的“止楚伐宋”的故事就是墨子所为。他谴责发动战争的行为，认为“杀一人，谓之不义，必有一死罪矣；若以此说往，杀十人，十重不义，必有十死罪矣；杀百人，百重不义，必有百死罪矣”（《墨子·非攻上》）。照此说来，凡爱好攻战的君主，皆属“千重不义”“万重不义”之徒；反之，如果君主信从其“兼爱”之说，那诸侯自然“相爱则不野战”了。墨子认为，侵略战争就是国家犯罪，他在中国历史上最早对战争进行道德起诉的人。

在政治思想上，墨子提出尚贤的思想，与儒家“亲亲、尊尊”的思想相对立。所谓“尚贤”，即是要崇尚贤才，墨子把“尚贤”视为“为政之本”，并认为“国有贤良之士众，则国家之治厚；贤良之士寡，则国家之治薄”（《墨子·尚贤上》）。对贤良之士，要做到“以德就列，以官服事，以劳殿赏，量功而分禄”（《墨子·尚贤上》），充分发挥他们在政权中的作用。他还提出“官无常贵，而民无终贱，有能则举之，无能则下之”（《墨子·尚贤上》）等主张。这些思想在今天仍不失其光辉。

墨子还主张“节用”“节葬”“非乐”，提倡节俭，反对铺张浪费。在《节用》和《节葬》诸篇中，他以古代圣王为例，详细地论述了圣王所制定的节用之法，包括衣食住行、生死丧葬等多方面的规定和实施，指出凡是“诸加费，不加民利者，圣王弗为”（《墨子・节用》），以此来反对当时统治者的繁文缛节和骄奢淫逸。由于“节葬”“非乐”与儒家所主张的“厚葬”“礼乐”是相背离的，所以孟子把他的学说作为异端进行了严厉批判。但在墨子的思想中，确有不少是要求“民主”“平等”的光点，反映出社会下层不满现状的思想，是小生产者绝对平均主义的思想倾向。

《墨子》一书中蕴含着丰富的哲学智慧，其崇尚科学的智慧取向、求真务实的智慧目标和以人为本的智慧理据，是墨子科学和人文精神的核心，具有重要的历史意义和现代价值。墨子从其经验出发，在认识论方面提出“取实予名”“察类明故”的观点以及“言必有三表”的“三表法”。“三表法”，即“有本之者，有原之者，有用之者”（《墨子・非命上》），也就是“上本之于古者圣王之事”，即是以历史经验为依据；“下原察百姓耳目之实”，即是以众人的经验为依据；“废（发）以为刑政，观其中国家人民之利”，即是看它实行的效果如何。墨子的“三表法”，包含有许多值得继承的内容。墨子也十分重视科学技术的价值。《国语・鲁问》载，墨子说：“所谓功，利于人谓之巧，不利于人谓之拙。”手工业技艺的功效、价值在于其有利于人民的生产和生活。墨子主张“非命”，认为国家安危治乱，不靠天命靠人力，提倡充分发挥人力的积极能动作用，批判消极的“命定”论。墨子认为，在认识规律的基础上，可以有计划地运作，达到预期的目的，如工匠认识方圆规律，可据以制作方圆之器。墨子在科技方面有很多惊人的成就。据说，墨子制造的舟、车、飞鸢以及他根据力学原理为古代车子所创造的“车辖”（即今之车闸）和为“备城门”所研制的“堑悬梁”，根据声学原理创造的“罂听”（即最早的“监听器”）等，都是当时世界上极高的科技成就。特别令人感到惊讶的是，他在自然观、力学、数学、光学等方面的某些创见，与近代的科学原理相当接近。遗憾的是，到汉代“罢黜百家，独尊儒术”之后，墨家便销声匿迹。直到近代，才有人提出对墨学的研究，墨家又作为一派重新走进科学殿堂。

综上所述，墨子对齐鲁文化的贡献是巨大的。墨学立足于平民的角度，对儒家思想学说进行了修正与补充，成为齐鲁文化的一项重要内容。墨子初学于儒，亦祖述尧、舜，崇尚大禹，然对儒家诸多理论多有异议：以“兼爱”反对儒家之爱有差等，以“尚贤”“尚同”对抗儒家之尊贤有等，以“节葬”“非乐”反对儒家在礼、乐方面的繁文缛节与铺张浪费，反映了下层民众的呼声，成为鲁文化中代表平民倾向的另一种文化。墨子为反战、“非攻”而奔走呼号的自我牺牲精神以及对古代科技及逻辑学方面的突出贡献，则成为齐鲁文化中一道色彩亮丽的风景。墨子在其生前就获得了“北方贤圣人”的美誉。鲁迅先生曾赞誉他是“中国的脊梁”，而毛泽东则评价墨子是“一个劳动者，他不做官，但他是比孔子高明的圣人”[①]。可以这么说，在中国历史上，孔子是一个被封建统治者和文人雅士们推崇的圣人，而墨子则是一个不折不扣的“平民圣人”。他们对齐鲁文化、对中华文化的功绩同样是永远不可磨灭的。

第四节　齐鲁文化的发展及其历史影响

秦汉以后，随着全国的统一和中央集权大帝国的建立，政治、经济、文化中心西移，齐鲁失去了先秦时期文化中心的地位。但是，灿烂丰厚的齐鲁文化遗产仍然滋养着这块土地上的子孙们。代表着齐鲁文化本质的积极向上、忧国忧民、舍生取义、开拓创造的精神，在成长和生活在齐鲁大地上的人们身上蓬勃生长起来。在文学、艺术、科技领域群星灿烂，名家辈出，文学家刘勰、李清照、辛弃疾、蒲松龄、孔尚任，画家张择端，书法家王羲之，农学家氾胜之、贾思勰、王祯等，他们的思想与著述，充实了中华民族的文化宝库，为后人留下了丰厚的遗产。

进入明清时期，齐鲁大地的经学研究又达到一新的高峰。特别是乾嘉时期形成的以经学为中心，涵盖史学、训诂、历史地理、天文历算、金石乐律、校勘、辨伪、目录、辑佚等各个学术领域，以重视实证、长于考据为宗旨和治学特征的乾

① 《1939 年 4 月 24 日在抗大生产运动初步总结大会上的讲话》，《毛泽东评点二十四史人物精选》，时事出版社 1998 年版，第 382 页。

嘉学派(又称“朴学”),无疑在中华文化发展史上占有重要的地位。山东地区是这一学术思想的中心地之一,也出现了一些较有影响的学者。之后,学风几经变化,但齐鲁文化圈依然以朴学成就为最高。代表性的人物有张尔岐、孔广森、桂馥、王筠等。

张尔岐(1612～1677),字稷若,山东济阳人,明清之际经学家、教育家。张尔岐在家乡任“乡里句读师”,相当于现在的乡村小学教员,他一生未仕,隐居不出,自题草庐为“蒿庵”。但他笃守程朱理学,又部分地接受汉儒的治学思想,极力提倡自王阳明心学兴起后趋于势微的孔、孟、程、朱道统,反对王学空谈“惟微精一”的学术倾向。早年的张尔岐力攻古文、诗赋,后又致力于《仪礼》的研究。《仪礼》是儒家的重要经典之一,前人为其所作的传、注、疏很多,但因年湮代久,经文多有疏漏,而且传与注也有许多混淆之处,致使后人难以读懂。张尔岐倾注大半生的精力,除将传、注分清外,还删削了疏中繁琐附会的文字,并重新断定句读,纂成《仪礼郑注句读》一书,又为监本(官定本)《礼记》、石经(刻在石碑上立于太学中)《礼记》勘正脱误达300余处。他的著作还有《弟子职注》《周易说略》《诗说略》《蒿庵集》等。经过多年的潜心钻研,张尔岐终成一代博学宿儒,即使顾炎武这位江东大儒对他也是一见倾服,称其“独精三礼,卓然经师,吾不如张稷若”(顾炎武《亭林文集·规友人纳妾书》)。可见张尔岐在礼学方面的贡献之大,他也因此而奠定了在中国经学史上的地位。在教育方面,张尔岐主张童蒙教育。他对蒙养教程作了具体规定,教士子以笃志立行为本,以“志”为教育之先。他认为,人生而未尝有异,长而同读圣贤书,而卒之大异,根本原因在立志不同,“志异而习以异,习异而人以异。志也者,学术之枢机,适善适恶之辕楫也”(张尔岐《蒿庵集·辨志》),故教者须先志,学者须尚志,而习之要旨在“博学、行己”,两者之中,尤以“行己有耻”为基点,如“行己未必果有耻也,言心言性固恍惚无据,即博学亦未免玩物丧志之失”(张尔岐《蒿庵集·答顾亭林书》)。在修养上,他重视礼的约束作用,认为《中庸》之主旨在两句话:“喜、怒、哀、乐之未发,谓之中;发而皆中节,谓之和。”(张尔岐《蒿庵集·中庸论上》)但自庶人至天子,若非圣贤,皆不能遂然“中节”,须“由礼而后可以中节,中节而后可以为中庸”(张尔岐《蒿庵集·中庸论上》)。

在清代，几乎所有的孔门圣裔都涉猎经学，而以经学闻名者当首数孔广森。孔广森(1751～1786)，字众仲，号㧑约，孔子第六十八代孙，衍圣公孔传铎之孙。他自幼博学强记，青年时期即学有所成，17 岁乡试中举，20 岁即已高中乾隆辛卯科进士，入选翰林院庶吉士，散馆后授编修，可以说是少年得志，一时间世人争相逢迎，冀相缔交。但他淡泊名利，无意仕途，不愿与达官要人通谒。孔广森不久即以母病为由辞官归里，在曲阜城东门里修建一书斋，以仰慕汉代经学大师郑玄而名之为“仪郑堂”，从此便研究学问，潜心著述。孔广森博涉经典，尤精于“三礼”，著有《春秋公羊传通义》12 卷。他不专主今文经学，而是博采汉、晋以降有关《春秋》的著述，对《左传》《穀梁传》与《公羊传》相通的，均予吸收著录，其注疏，严谨翔实。此外，他还著有《经学卮言》6 卷、《礼学卮言》6 卷、《大戴礼记补注》14 卷等。孔广森曾师从戴震研学古文经学，又师从庄存与学习今文经学，于两家之学能取长补短，使之相得益彰。他的《春秋公羊通义》既发挥公羊学的微言大义，又运用古文经学精擅的考据学，校订文字，审音释义，特别是利用《左传》《谷梁传》厘正史实，纠正公羊学家何休在《春秋公羊解话》一书的错误，对清代公羊学的复兴发展做出了积极的贡献，是清代今文经学的先驱者之一。值得一提的是，孔广森的父亲孔继汾，其兄孔广林亦为著名的经学家。孔继汾深通经学，熟悉历朝掌故、庙廷典礼和金石图像，致力于孔氏家族文献以及相关的礼仪方面的研究，著有《阙里文献考》100 卷、《孔氏家仪》14 卷、《匡仪纠谬集》3 卷、《乐舞全谱》2 卷等。而孔广林 26 岁时即决意仕进，覃心“三礼”，著有《周礼臆测》7 卷、《仪礼臆测》18 卷、《仪礼笺》1 卷、《周易注》12 卷、《尚书注》10 卷、《论语注》10 卷、《孝经注》1 卷等。

桂馥(1736～1805)，字未谷，号雩门，别号萧然山外史，也是清代山东著名的经学家。据说他祖籍本是江西，明洪武年间因祖上充任衍圣公府属官，迁居曲阜成为世籍，祖父两代均为贡生。清乾隆元年(1736)，桂馥生于曲阜城西李家店村(今尚有桂氏人家)。少承家学的桂馥，博览群书，尤精于小学、金石，工篆隶。乾隆三十三年(1768)入国子监，补长山县(今属邹平)县学训导。曾与历城友人周永年在济南五龙潭畔创立潭西精舍、借书园，藏书万卷。乾隆五十五年(1790)中进士，任云南永平县知县。嘉庆十年(1805)卒于任上，归葬曲阜城

南姜家村西。桂馥曾说："士不通经，不足致用，而训诂不明，不足以通经。"（《清史稿·桂馥传》）故他遍读经书典籍40余载，几近每日必取许慎《说文解字》与诸经之义相疏证，并写出《说文解字义证》50卷。此书力穷根本，确为桂馥倾注一生心血积累，是他在经学方面的主要成就。桂馥也因此成为清代著名的文字学家，与同时代的另一文字学家段玉裁并称"桂段"。他还另撰有考证经义、文字、名物的专著《札朴》10卷，援据宏富，辨证精详。此外，桂馥还著有《毛诗音》《说文谐声谱考证》《缪篆分韵》《历代石经考略》《晚学集》《未谷诗集》等，终成为乾嘉朴学中卓有成就的学者。他还擅长书法，尤精于篆、隶，笔力雄劲。现存于济南千佛山历山院的《历山铭》隶书石刻，即由其所书。他的书法备受书法爱好者青睐，曲阜昔日即有"无桂莫称世家"之说，可见其书法之珍贵。

王筠（1784～1854），清代山东安邱（今山东菏泽市东南）人，字贯山，号菉友。他少喜篆籀之文，后博涉经史，由于深受清代考据学的学风影响，对文字考证很有兴趣，而且造诣颇高。他对《说文解字》有独到的研究，能综合分析前人学说之所长，并断以己意，订讹补阙，删繁举要，尤便于初学，与段玉裁、桂馥和朱骏声被后世称为"四大家"。现代著名的文字训诂学家胡朴安先生曾这样评价："清朝文字学诸家，能自成一书，解释《说文》全部之例，足为后学之指导者，当推王筠之《说文释例》。……王氏此书，解释六书之条例，远出宋元明诸家之上，且能确本许书，证之金文，以求文字之原，而明文字之用，并推及引经引谚读若之例，匡正脱文衍文误字之处，然则吾人研究《说文》者，当以此书为指导。"[①]王筠一生著述宏富，如《说文句读》30卷、《说文释例》20卷、《说文系传校录》30卷、《文字蒙求》4卷等，遗憾的是，刊版流传下来的仅十分之三四，大部分遗稿现存于山东省图书馆和山东省博物馆，其中一些版本至今仍具有较高的文献学价值。

清代兴起的新经学可分汉学、宋学二派。在这两派中，山东都出现了一批较有影响力的经学家。他们深受齐鲁文化的影响，积极从事经学的研究工作，提高了清代经学的学术水平，壮大了清代经学的声势。这也在一定程度上为儒家经学添注了新的因素，在政治思想文化领域产生了积极影响。

---

① 胡朴安：《中国文字学史》，中国书店1983年版，第338页。

齐鲁文化是特定历史时期的特定地域文化，它以其博大精深的体系、丰富的思想内涵、紧密契合社会现实需要等特征而领先于同时代的其他各地域文化，一度成为春秋战国时期中国文化发展的“中心之中心”，华夏文明的象征；齐鲁文化以儒家思想为突出内容，对中华民族共同文化心理、共同民族意识的形成以及中国传统的道德伦理、价值取向、生活习俗等都产生了深远的影响。因此，齐鲁文化的历史作用和意义已远远超出其特定的时空界限。它既是中华文明发展史上的一个极其重要的发展阶段，又是形成秦汉以来中国传统文化主体的活水源头。时至今日，它仍然潜移默化地影响着中华民族的精神世界，也是我们走向未来不可或缺的文化基因宝库。它所蕴含的超越历史的思想文化精华，对于当代社会仍发挥着十分重要的作用。

第三章　齐鲁文化与鲁商文化

相对于齐鲁文化来说，鲁商文化是一种亚文化。齐鲁文化是鲁商文化滋生繁衍的深厚土壤，为鲁商文化的发展不仅提供道德规范和文化氛围，也提供了精神动力和智力支持。而鲁商文化又是齐鲁文化的重要内容，它继承并发展了齐鲁文化的基本精神。[①]

第一节　鲁商文化的内涵

一、文化的基本涵义

“文化”一词源远流长，中国文献很早就有记载。《易・系辞下》有云：“物相杂，故曰文。”其中的“文”意指各色交错的纹理，正像《礼记・乐记》所载：“五色成文而不乱。”[②]因此，《说文解字》中讲“文，错画也，象交叉”，指的就是此意。此外，“文”又有许多引申：一是指包括语言文字内的各种象征符号，进而具体化为礼乐制度、文物典籍。《尚书・序》记载伏羲画八卦，造书契，“由是文籍生焉”；《论语・子罕》所载孔子说“文王既没，文不在兹乎”则是其实例。二是由伦

① 参见陈赞晓：《论文化经济的资源基础和发展路径》，《华南师范大学学报》(社会科学版)2007 年第 3 期。

② 蔡茂松：《孔子的文质论》，《孔子研究》1991 年第 1 期。

理之说引申出彩色、修饰、修养之义，与“质”和“实”相称，因此《论语·雍也》中则有“质胜文则野，文胜质则史，文质彬彬，然后君子”的描述。《尚书·舜典》疏也称“经纬天地曰文”。三是在前两层意义的基础上又引申出善、美、德行之意，正如《尚书·大禹谟》中描述的“文命敷于四海，祗承于帝”。“化”本义指变易、生成、造化。正如《易·系辞下》中的“男女构精，万物化生”；《礼记·中庸》中的“可以赞天地之化育”；《庄子·逍遥游》中的“化而为鸟，其名曰鹏”等描述之意。[①] 可见，“化”主要之意是指事物形态或性质的改变，同时又可引申为教行迁善之义。

“文”与“化”联起来用最早出现在《周易·贲卦》的《彖传》：“观乎人文，以化成天下。”孔颖达在《周易正义》中解释说：“观乎人文以化成天下者，言圣人观察人文，则诗书礼乐之谓，当法此教而化成天下也。”这里的“文”和“化”虽联用，但各自仍有其独立的含义，还没合成一个有独特内涵的词。到西汉后，“文”与“化”逐渐合成了一个词，刘向在《说苑·指武》中解释说：“圣人之治天下也，先文德而后武力。凡武之兴，为不服也。文化不改，然后加诛。”其中的“文”指文德，“化”指教化，“文化”则指以文德教化天下。从此之后，文化逐渐演变为一个有完整意义的概念。但综观中国古代的“文化”一词，其内涵主要为伦理道德和礼乐典章制度，和现在所用的“文化”概念虽有某些相通之处，但仍有很大的差异。

从西方来看，“文化”(culture)的词源来自于拉丁语“cultus”，意思是精神修养、神明崇拜等。后来，演化为个人、社会素养，艺术、学术作品的汇集，并进一步引申为某一时代、某一地域全部社会生活等内容。随着文化及其学说的发展，“文化”这一概念的外延也越发广泛和丰富。[②] 而自从泰勒在1871年的《原始文化》这一著作中给文化下了第一个定义之后，有关文化的定义就开始大量出现。据统计，现在英语中文化一词有二百多种含义与用法，并且有的差异很大。

---

① 参见冯国荣：《论文化释义系统》，《文史哲》2002年第6期。

② 参见张云鹏：《文化权：自我认同与他者认同的向度》，吉林大学博士学位论文，2005年。

中国在近代意义上使用“文化”一词，开始于19世纪末20世纪初，早期中国学术界对文化的理解也有差异。梁启超对文化的定义是：“文化者，人类心能所能积出来之有价值的共业也”，“文化是包含人类物质精神两面的业种、业果而言”。[①] 梁漱溟对文化的界定是：“文化并非别的，乃是人类生活的样法。”[②]他认为，文化包含精神生活方面，偏于情感的宗教、哲学、科学、艺术，偏于理智的哲学、科学等内容；文化包含社会生活方面（家族、朋友、社会、国家、世界），我们对周围的人之间建立起来的伦理习惯、社会组织、政治制度以及经济关系等都属于社会生活；文化包含物质生活方面，像饮食、起居，人类对自然界求生存的各种需要都属于物质生活。[③] 张岱年认为，文化有广义、狭义之分。最广义的文化指人类在社会生活中所创造的一切物质生产和精神生产的全部内容；次广义的文化指与经济、政治有别的全部精神生产的成果。而狭义的文化专指文学、艺术。[④] 任继愈也认为文化有广义和狭义之分，广义之文化包括哲学著作、文学艺术创作、宗教信仰、风俗习惯、饮食器服之用，它既包括高文典册的圣经贤传，也包括布帛菽黍的制获方式以至于举止言谈的风度。狭义的文化则指能够代表一个民族特点的精神成果。[⑤]

近现代中国文化学界对文化的含义展开讨论，提出了许多有见地的见解。虽然有意见上的差异，但大体也形成了一定的共识，那就是文化的广义、狭义说和文化的“三个层面说”。对于文化的广义与狭义之说，《辞海·文化条》中记载，广义的文化指人类社会历史实践过程中所创造的物质财富和精神财富的总和；狭义的文化指社会意识形态以及与之相适应的制度和组织机构。文化的三个层面则是指物质层面、制度规范层面和精神层面。物质层面也称“物质文化”，即人们的生产、生活所需衣、食、住、行、工具、用品、建筑等人工制造的实

---

① 梁启超：《什么是文化》，《饮冰室合集》第14册，中华书局1336年版，第97页。

② 梁漱溟：《东西文化及其哲学》，《梁漱溟全集》第1卷，山东人民出版社1994年版，第380页。

③ 参见梁漱溟：《东西文化及其哲学》，《梁漱溟全集》第1卷，山东人民出版社1994年版，第380页。

④ 参见张岱年、姜广辉：《中国文化传统简论》，浙江人民出版社1989年版，第3页。

⑤ 参见任继愈：《民族文化的形成与特点》，《中国文化研究集刊》第2辑，复旦大学出版社1985年版，第1页。

物。制度规范层面，也称“规范文化”，即政治体制、经济体制、社会组织、礼仪制度、道德规范、风俗习惯、法律形式等方面。精神层面，也称精神文化，即思想、观念、情感、意识、宗教、信仰、科学、技术、文学、艺术、知识等。[①]

本书以文化的广义说和“三个层面说”为参考，对与鲁商文化相关的物质领域和精神领域的文化现象进行分析，界定鲁商文化的定义。

二、鲁商文化的主要内涵

人类文化有普遍的性格，即文化是世界的。但文化又是具体的，它是各个民族、国家在不同区域、不同的自然环境中长期发展积淀而成，具有各有不同的形式和特征。所以说文化又是民族的，它包含了不同民族的文化。而同一民族国家中不同的阶级、阶层，由于在社会中所处地位的不同、从事职业的差异，他们在思想观念、价值取向、行为方式及情感等方面也会各有差异，从而形成与主体文化有别的亚文化。亚文化既包含有主体文化的特征，又具有某些独特的文化要素。商人是社会中的一个阶层，以物品贸易为业。在长期的商业经济活动中，必然形成属于自己阶层的文化，即商人文化。商人文化即是亚文化的一种，属亚文化的范畴。它是商人在社会中为求生存、发展，在某个特定历史时期的社会实践活动中创造，或吸收主体文化的营养而形成的知识体系和价值体系，及其对象化的过程和结果，也可分为三个层面即物质文化、精神文化及其制度文化。[②] 鲁商文化与整个中国商人的商业文化有共性，同时又有属于自己的特性。

有学者从经济史角度对鲁商文化作了较为精辟的界定：“鲁商文化是齐鲁商人在长期的商业经营活动中，在吸收历代齐鲁商人的传统商业文化的基础上，在明清鲁商完形时期，融合运河文化、海洋文化和商埠文化的基础上，形成的一套主要包括商业管理、经营谋略、商业品德和营商风格等较为完善的系统文化。”[③]应当指出的是，研究齐鲁商人不仅要看到其成功的一面，还要发现他

---

① 参见佟金丹：《鲁商文化资源的旅游开放》，《东岳论丛》2013 年第 7 期。

② 参见张明富：《明清商人文化研究》，西南师范大学出版社 1998 年版，第 7 页。

③ 刘学良：《鲁商文化的构成和完形》，《传承》（学术理论版）2009 年第 6 期。

们身上的缺点与不足，需要真正全面的了解鲁商兴衰的经验和教训；要全面研究山东商人所创造的精神财富以及其物质财富。这不仅仅是从广义上还是从狭义上来界定鲁商文化的问题，更是因为今天要保护和传承这份宝贵遗产，必须对其做一个更为全面的发掘性研究。

综上所述，我们把鲁商文化定义为：由山东商人所创造的物质财富、精神财富以及社会财富（含制度、规范等）的总和，包括山东商人的财富积累、管理制度、经营艺术、理财技术，还包括商业精神、商业伦理、商路关隘及其文化信仰、社会习俗、建筑、书法、雕刻、收藏等整个文明体系。①

鲁商文化具有鲜明的地域特征，它形成于山东大地，深深地打上了齐鲁文化特别是儒家文化的烙印，具有诚信为本、为商以德、先义后利、以义致利、利泽长流、宽厚圆融、以仁待客等特点。鲁商文化内容丰富，包括了齐鲁商人生产生活的方方面面。鲁商文化在历史上是不断演变和发展的，需要进一步挖掘其文化内涵。作为一种具有悠久历史的地域性文化，鲁商文化是中国古代商业文化的重要组成部分，为中国古代商业文化的形成和发展做出重要贡献，在新时代社会主义市场经济的发展中，鲁商文化必将发挥重要作用。

第二节　鲁商文化的产生与发展历程

鲁商文化源远流长，可追溯至“日中为市”的原始时代。位于黄河流域的山东，多属丰沃之地，有很多部落在这里生衍繁殖。《易·系辞》曰：“庖牺氏没，神农氏作，列廛于国，日中为市，致天下之民，聚天下之货，交易而退，各得其所。”这里“市”指原始商业的开端。

考古发现证明，早在五六千年前，齐鲁地区的先民们已有了极为发达的手工业和商贸活动。《尚书·禹贡》说：“海岱惟青州：嵎夷既略，潍淄其道……厥贡盐絺，海物惟错。岱畎丝、枲、铅、松、怪石。莱夷作牧，服篚檿丝。浮于汶，达

① 参见张翠平：《基于鲁商文化的企业雇主品牌建设研究》，山东经济学院硕士学位论文，2011 年。

于济。”说的是先齐地区盛鱼盐海产，多桑麻丝织，以其产品进贡贸易。从大汶口——龙山文化遗址出土的文物看，当时的制陶业、纺织业、酿造业、车船机械制造业、雕镂工艺都达到了极高的水平。其商业，不仅有大陆的内贸，而且已经有海上的外贸。①

对于商人和商业的起源，学术界大多数人所接受的一种说法是：商人的“商”，最初作为一个原始部落的名字。部落始祖名叫契，其第十代孙叫王亥。由于王亥从事牧业，又擅长经商，他曾赶着牛车到黄河一带做买卖。于公元前16世纪，王亥的四代孙汤起兵灭夏，建都于亳，即现在山东曹县南，商王朝也随之建立。后来商都迁至殷(今河南省安阳小屯村)，因而商也被称为殷，但商人仍自称为商。殷灭亡之后，周公(姬旦)告诉殷的遗民要继续经商。正如《尚书·酒诰》中有“肇牵车牛远服贾，用孝养厥父母”的记载。因殷商之人善于经商，周朝人便把从事该行业的人称为“商人”，这大概就是我国历史上称做买卖人为商人的开始。

西周建立之初，开始分封诸国。据《史记·齐太公世家》记载，吕尚被封为齐侯时，依据当时齐国“人民寡”“少五谷”的状况，在治国时注重因地制宜，利用山东半岛独特的自然资源优势，劝女性参与经商，极技巧，通渔盐，使“齐冠带衣履天下，海岱之间敛袂而往朝焉”(《史记·货殖列传》)，有效地促进齐国商品经济的发展。齐桓公在位时，他以管仲为相，实行“官山海”的政策，招徕外商，鼓励贸易，增强了综合国力，使“甲兵大足”，为齐国“九合诸侯”“一匡天下”奠定了坚实的基础。晏婴为齐相时，采取了工商不变政策，让工商业者坚守其业，搞好商品生产和流通的工商管理，促进了工商业的发展。直至战国时期，齐国仍重视发展工商业的传统，其工商业依然十分发达。

战国秦汉之际正是齐鲁商人形成经营之道的一个关键时期。长期的商业活动中逐渐形成了以子贡、范蠡为代表的齐鲁商人们的一套包括经营谋略、市场预测在内的经营之道，不仅为当世及后世的人们从事商业活动提供参考，还为我国古代商业经营管理理论的初步形成奠定了基础，成为我国古代商业文化

---

① 参见郭墨兰、吕世忠：《齐文化研究》，齐鲁书社2006年版，第123页。

的重要组成部分。

汉代以后,儒商文化进入了一个相对平稳的发展时期。到明清时期,山东商帮崛起,并成为“中国十大商帮”之一,鲁商文化又进入一个繁荣发展的阶段。山东商品经济的快速发展,吸引了众多商贾集聚于此,贸易往来、物流的繁盛使山东商人的经商足迹遍布全国各地。直到近代以后,山东商人不仅学习西方先进技术和文化,同时又继承和弘扬鲁商文化传统,实现了转型,在“实业救国”的旗帜下,为民族工商业的发展谱写了重要的篇章。

20 世纪 80 年代以来,在改革开放的过程中,齐鲁大地又迅速成长起一批企业和企业家,并引起越来越多的关注,被称为“新鲁商”。这里的“新”是指他们生活在新时代,他们不再一味墨守成规,而是敢于突破,敢于创新。与此同时,山东商人也是儒家文化的继承与弘扬者,“修身,齐家,治国,平天下”表现在他们身上就是关注民生,他们具有强烈的社会责任感,把经商当作事业。因此,从文化精神上看,他们与传统鲁商是一脉相承的。

从先秦到明清,从近代到现代,鲁商们为中国商业文化的形成和发展做出了突出贡献。作为一种具有悠久历史的地域文化,在今天它仍然具有无穷的魅力。

按其前后发展,鲁商文化大致上可划分为三个特点鲜明的阶段:第一个阶段是从先秦到 1840 年之前的古代鲁商文化(又可分为远古鲁商文化和中古鲁商文化),这一阶段的鲁商是旧式商人;第二阶段是从 1840 年到 1949 年中华人民共和国成立之前的近代鲁商文化,这一阶段的鲁商是新式商人;第三阶段是 1949 年以后特别是改革开放以来,鲁商文化进入现代时期,出现了一批现代新鲁商。

一、古代鲁商文化

从春秋战国到秦汉,齐鲁商业文化进入第一个繁荣时期,这一阶段齐鲁工商业在全国一直居于前列。这既与齐鲁的地理环境与人口因素有关,又同工商管理的相关政策密不可分。齐鲁之地虽然很早就得以开发,但由于地处丘陵,为沙质土壤,农业很难发展,而以桑麻、渔盐见长。这便有了《史记·货殖列传》

所载的齐地“膏壤千里，宜桑麻，人民多文绿布帛渔盐”及鲁地“颇有桑麻之业”之说。到了西汉时期，齐鲁之地就有了千亩桑麻的专业经营。此外，齐鲁地处交通要道，成为商贾必经之地，这样为工商业的发展提供了有利条件。齐国在建国之初处于“人民寡”“少五谷”状态，需因地制宜，而地广人稀的“国情”正好有利于扩大桑麻等作物种植面积。鲁国与齐国相比而言，封土面积较小。随着人口的增长，西汉时期，洙泗冲积平原上已出现“地小人众”的窘境。① 除大力发展农业生产外，人们为了生存，只能寻求他径，于是以经营工商业作为出路。正如司马迁在《史记・货殖列传》中所言，邹、鲁之人“好贾趋利，甚于周人”。当时齐鲁商品文化发展繁盛，主要表现为商品种类众多、货币的通行、城市商业的繁荣及众多商贾的出现。齐鲁之地自然资源丰富，商业市场的品种繁多。到战国时，各国间贩运商业的发展，使北方的“走马吠犬”、南方的“羽翮齿革”、西方的“皮革文旄”等各地特产都能在齐鲁市场上买到。② 这样，商品的交换促进了货币的发展。春秋战国时，齐国的刀币已成为一种“国际”性货币，流通于齐、燕、赵等国。③ 随着商品经济的发展，齐鲁经商之人不断增加，出现了不同类型的商人，而儒商子贡和“陶朱公”范蠡则成为齐鲁商人的典范。

汉代以后，鲁商文化进入漫长的发展期。在这一漫长的历史阶段，齐鲁文化继续融合并不断更新。由于汉代统治者出于政治统治的目的而对儒家文化大加推广，使得山东的齐鲁文化由地域文化逐渐向主流文化过渡。魏晋南北朝时期之后，由于民族大融合以及佛教兴盛等诸多政治、社会等因素，齐鲁文化与少数民族文化、外来佛教文化有了充分的交流与整合的机会，内容更加充实丰富。隋唐之后尤其是宋元时期，由于新儒学的兴起，齐鲁文化的地位更加彰显。在商业发展方面，秦汉时期，山东地区商品经济已达到较高发展水平。④ 据《史记・齐悼惠王世家》记载：“齐临淄十万户，市租千金，人众殷富，巨于长安。”一天税收就达“千金”，可见临淄商业的发达。到宋代，山东的商业发展迎来了再

① 参见张弘、靳力：《齐鲁的商业文化》，《走向世界》1999 年第 3 期。
② 参见张弘、靳力：《齐鲁的商业文化》，《走向世界》1999 年第 3 期。
③ 参见张弘、靳力：《齐鲁的商业文化》，《走向世界》1999 年第 3 期。
④ 参见韩丽：《鲁商文化解读》，山东师范大学硕士学位论文，2009 年。

次繁荣，城市商业日趋繁盛，“山东各水陆交通要道和沿海口岸出现了一批新兴市镇”。“这些市镇的兴起，反映了宋代山东地区商品经济的发展和农村集市贸易的繁荣。”[①]除了国内经济贸易的展开，这一时期山东的海外贸易也出现了前所未有的盛况。位于今天胶州的密州板桥镇在当时已经发展成为全国著名的五大对外港口之一，山东和朝鲜的官方贸易也主要在板桥镇进行，为此，朝廷还专门设置市舶司，具体管理对外贸易事务。至元代，由于运河的开运和海运航线的开辟，山东的商品经济更加繁华，有济南、临清、济宁等众多的商业聚集地。《临清县志》中这样记载当时临清的盛况：“每届漕运时期，帆樯如林，百货山积，经数百年之取精用宏，商业遂勃兴而不可遏。当其盛时，北至塔湾，南至头闸，绵亘数十里，市肆栉比，有肩摩毂击之势。”[②]这一时期，随着齐鲁文化的演进和山东地域的商品经济发展，鲁商文化也开始凸现新的内容，如对于营销手段的重视。北宋时期，一些山东商铺开始设计自己的商标。济南刘家功夫针铺就设计了白兔商标广告，这块白兔商标以白兔捣药的绘画为主体，两侧写着“认门前的白兔儿为记”的字样，下侧则是对产品的介绍，并特意注明“收买上等钢条造功夫细针”。白兔商标是我国目前发现的最早的商业广告，这也从另一角度说明，在宋元时期商业经营理念已经有了现代管理理念的痕迹。[③]

但总体来看，这个阶段鲁商的经营范围主要为粮食、布匹、蚕丝、茶叶、盐、杂货、牲畜、中草药材以及其他土特产品，基本上是一些农产品、手工艺品和日用消费品，商人们通过在流通过程中贱买贵卖而从中取利，这时候的鲁商显然是和旧的生产方式结合在一起，是旧时商人，或者称作传统鲁商。由于地处儒家文化的发源地，长期受到儒家文化的熏染，长期以来山东商人的心理和性格上都具有保守倾向。

二、近代鲁商文化

鸦片战争爆发后，中国的大门被西方列强的大炮轰开。1862年，烟台开埠使

---

① 孙祚民主编：《山东通史》，山东人民出版社1992年版，第156页。

② 张自清等纂修：《民国临清县志·经济志·商业》，《中国地方志集成》第95册，凤凰出版社2004年版，第139页。

③ 参见韩丽：《鲁商文化解读》，山东师范大学硕士学位论文，2009年。

对外贸易空前发展，随后的青岛、龙口、威海港口的对外开放，也使得商品经济流通的规模空前扩大。传统商业渐趋式微，而新式商业逐步形成并发展壮大。到清光绪末年，山东已成为中国经济相对发达、交易相对繁盛的省份，商业活动中心主要为烟台、胶州、周村、潍县四地。烟台系对东北通商的门户，胶州为对江浙沿海贸易的出入孔道，周村、潍县为内地物产汇集之地。胶济铁路通车以来，德国极力在胶澳地区扩展经济势力，使得山东的商业中心逐渐移往青岛。此后，青岛成为山东的物产集散中心和华北贸易输出大港。原来的商业中心胶州因为靠近青岛，受到很大影响，商业逐渐衰落下去。省会济南因地处胶济、津浦铁路的交汇点，成为山东西、南、北三方的货物转运枢纽，商业日渐繁荣，成为华北重要的商业中心。周村因距离济南较近，商业受到影响，日益衰退。潍县地处济南、青岛之间，工业相对发达，所以尚能保持原有商业地位。烟台地处山东东北，未受胶济铁路的直接影响，加之有烟潍、青烟等公路联络外部，外有华商轮船来往贸易，虽然受到龙口、威海发展的影响，但是二地均能保持商业繁荣。这样，山东的商业中心演变为青岛、济南和烟台三地，为潍县、威海卫和龙口。其他各县份的商业中心绝大部分以县城为中心，商业发达程度视陆路和水路交通状况而定，交通发达则商业兴，交通薄弱则商业平淡。据《民国山东通志·商业志》记载，山东的进出口贸易分为对国外贸易、山东与其他省份的省际贸易和本省各地之间的省内贸易。在这一期间，山东出现了不少的大商贾和著名的店铺、企业，如孟洛川的瑞蚨祥、孙玉庭的玉堂酱园、桓台的苗氏兄弟及其名下企业、青州宋棐卿的东亚公司等。这些优秀的商人以及他们在企业经营过程中彰显的文化特质是对鲁商文化最佳的诠释。

在近代鲁商群体中，不少人远离故土到外地谋生，也为当地的发展做出了贡献。有文献记载："山东人实为开发东北之主力军，为东北劳力供给之源泉。荒野之化为田园，大半为彼辈之功。其移入东北为时既久，而数量又始终超出其他各省人士。登、莱、青与辽东一衣带水，交通至便，彼土之人，于受生计压迫之余，挟其忍苦耐劳之精神，于东北新天地中大显身手。"[①]其实早在清代，东北

---

① 辛向阳等:《人文中国:中国的南北情貌与人文精神》，中国社会出版社 1996 年版，第 1101 页。

三省即是山东商人的云集之地。山东人“闯关东”并开创出一片基业，不仅靠的是吃苦耐劳，而且多重乡情，在商品竞争中善于利用同乡关系，团结互助，也使得山东商人在商战中立于不败之地。日本学者稻叶君山教授这样评价在东北经商的山东人：“山东人励精克己，勤俭耐劳，富于团结；劳动者相互扶助，商人相互缓急，恰如一大公司，其各商店则似支店，互相补给商品，以资流通。而在金钱上尤能融通自在，故虽有起而与之争者，奈山东人制胜之机关备具，终不足以制之也，满洲人及俄国商人固无论矣。即德国人之精于商者，亦退避三舍，不能与山东人抗衡。是以在满洲和西伯利亚一带经济上的势力，足以凌驾一切，握商战之霸权。”①

随着近代山东工商业的发展和西方经济势力的渗透，山东商人阶层发生了前所未有的巨大变化，诞生了一大批适应经济近代化要求的新式商人。这一时期的鲁商已与近代资本主义生产方式联系在一起。此前的鲁商包括明清之际的鲁商主要还是与封建时代的手工业和农业联系在一起的，而近代鲁商主要是与近代工业与资本主义生产方式联系在一起的。这表现在：一是近代鲁商商业活动是与大机器工业联系在一起的，生产力发展水平与社会化程度都有了很大提高。鲁商从事商品交易的对象主要是工业品，而不再是农产品或手工产品。二是近代鲁商也不同于过去那种只在流通领域活动的狭义的商人，而是真正从事着完整的商品经济的商人，他们开办工矿、企业，把商品生产与商品流通统一起来。有些商人已自觉把中国传统经营方式与西方经营方式结合起来，在保持传统鲁商精神的同时，也吸取西方企业管理、成本核算、营销策略等方面的经验，力求把二者有机地结合起来。这表明近代的鲁商已是比较典型的资本主义性质的商人。

三、现代鲁商文化

现代鲁商文化主要是指改革开放以来形成的新鲁商文化。在 1978 年以前，由于我国实行的是计划经济体制，企业没有生产和经营的决定权，生产什

① 欧人、王世勇：《儒家文化与山东商人的经商特性》，《商业经济研究》2000 年第 1 期。

么，生产多少，原料从哪里来，产品到哪里去，都按照上级部门的指令进行；大多数企业领导人的身份是国家干部，是管理者，不是真正意义上的商人。而私人的经商行为，则被视为资本主义的“尾巴”而受到禁止。改革开放以后，随着我国社会主义市场经济的发展，现代企业制度逐渐建立，企业获得经济主体的地位。在城乡之间，也逐渐出现了一些现代商人，新鲁商就是伴随着现代商人的出现而形成的。现代新鲁商，是一个具有现代商品经济意识、在市场中磨炼成长的各类经商人士的群体。构成这支队伍的主体，主要有这样几类：一种是从国有商业中脱颖而出的商人；一种是从农村走出的商人；一种是原有工业企业在改革中走向市场，其厂长、经理也成为围绕市场的商人；一种是加引号的“洋商”；一种是新兴的信息产业、第三产业（如期货公司、房地产公司、证券交易所等）的从业人员。

新鲁商文化是中国经济转型的伴生产物，是新经济时代的经济文化。这批涌现出来的新鲁商主要分布在山东省内的青岛、威海、烟台、济南等地，其代表人物主要有张瑞敏、周厚健、金志国、张继生等，代表企业有海尔、海信、双星、小鸭等。他们是鲁商文化的继承与光大者，代表的是山东版的儒商文化。新鲁商在改革开放中应运而生，他们敢于挑战传统，敢于破坏一些约定俗成的规则，逐步开创和运用了一些行之有效的商业模式，取得了辉煌的业绩，聚集起了丰厚的财富，为一方经济繁荣做出了重大的贡献。新鲁商也是鲁商文化传统的继承与光大者，仁、义、礼、智、信，温、良、恭、俭、让，忠、宽、敏、惠、勇，这些儒学所倡导的基本精神，在他们身上有突出的表现。新鲁商既有北方人的务实，也有南方人的精明，他们实现的是一种“中国式管理”，更相信细节决定成败，重视执行力。

近年来，山东经济的迅速发展，令海内外瞩目。在研究山东经济成功发展的模式时，有人将其形象地比喻为“大象经济”“群象经济”，意思是说一批在行业里有重要影响的大企业支撑引领着山东经济的发展。海尔是国内最早国际化的企业之一，也是国际上影响力极大的中国家电企业。海尔在发展伊始便把目标对准了美国、意大利等欧美发达国家。1998 年，张瑞敏登上了哈佛讲坛。1999 年 11 月，英国《金融时报》公布“全球 30 位最受尊重的企业家”排名中，张

瑞敏居第26位，因为海尔“有坚定独到的经营策略，使消费者满意度和忠诚度达到最大化，坚持以人为本的管理在行业领先，具备持续稳定的赢利表现以及成功的应变管理能力和市场全球化”①。世界上开始响起山东企业家的声音。海尔的成功，显示了山东“大象经济”的气概。②

综上所述，新鲁商的崛起，已经成为山东经济发展的主要驱动力。当然也要看到，传统鲁商文化中也沉淀了一些不利的因素，比如：一定程度的本土性，表现为稳健有余、创新不足等。因此，还应敢于和善于学习借鉴国内外优秀的文化理念和管理模式，不断把鲁商文化发扬光大。

第三节　鲁商文化形成与发展的社会文化条件

齐鲁文化是鲁商文化滋生繁衍的深厚土壤，它也为鲁商文化的发展提供了精神动力、智力支持、道德规范和文化环境。

一、齐鲁文化形成与发展的文化条件

（一）齐鲁文化的丰厚沃土

1.精神动力

尽管存在着“重农轻商”的倾向，但以儒家文化为代表的传统文化并不全是商品经济发展的阻力，它自身也蕴含着许多促进经济发展的动力。这一点，至少表现在以下三个方面。其一是入世情怀。儒家文化轻鬼神重人事，讲究正德、利用、厚生，提倡内圣是为了外王，修身以达到齐家治国平天下，以关心民事民瘼为己任，反对消极遁世，追求现世社会的秩序及人的生命安顿。这种积极入世的社会情怀和经世致用的思想理念是推动人们去建树事功、发展工商业经济的重要精神力量。其二是进取精神。《周易·易经上·乾卦》提出“天行健，

① 士蓉：《张瑞敏正成为一种文化》，《中外企业家》2000年第4期。

② 参见范云晓：《生机盎然的鲁商文化》，《中外企业文化》2006第7期。

君子以自强不息”的著名论断；儒家也倡导“我欲仁，斯仁至矣”“人能弘道，非道弘人”（《论语·述而》）等道德自律精神；孔子要求人们“学而不厌，诲人不倦”，“发愤忘食，乐以忘忧”，称道颜回不畏艰难、以苦为乐的人格；孟子不仅提出“天将降大任于斯人也，必先苦其心志，劳其筋骨，空乏其身，行拂乱其所为”（《孟子·告子下》）的坚忍信念，还倡导“富贵不能淫，贫贱不能移，威武不能屈”（《孟子·滕文公下》）的大丈夫气概。正是在这些精神文化的长期熏陶下，山东人形成了自强不息的品质。自强不息既表现为山东人自尊自信、自主自立、不卑不亢的独立人格，又表现为奋发图强、坚忍不拔、勇于开拓的品格，还表现为永不知足、永不停止、坚持不懈地执着追求，它是推动千千万万齐鲁儿女为振兴山东和民族富强而艰苦奋斗的精神力量。其三是家族伦理。儒家文化倡导以家为本，要求做到父慈子孝，兄友弟恭，孝亲为大，为了家族的名誉、声望和繁衍发展，个人应不懈努力甚至勇于牺牲。这种家族主义伦理不仅促进家族成员努力建立和发展家族式企业（包括家族作坊）和农村家庭承包责任制，也推动人们参与各种经济活动以实现发家致富。

一般说来，儒家文化是对古代中国农业文明的反映，反过来它又进一步强化了农业经济，从总体上有碍于工商经济的成长。首先，在职业理想上，儒家重农轻商，主张“农本商末”。在传统中国社会存在士、农、工、商的社会分层，士位于社会结构的上层，工、商则处于社会末层。儒家讲究“学而优则仕”，读书的目的不是“务工经商”，而是为了做官。强烈的官本位和社会阶层意识，导致传统中国社会的官员一旦退出官位，大多选择归隐农田，很少有人去从事工商业，至今这种官本位现象仍然普遍存在——虽然有了一定改变。其次，在人生哲学上，儒家轻视人的欲望的作用。如果说先秦儒家承认富与贵是人的大欲，因而主张抑欲、节欲的话，那么，宋明理学家则把克制人的欲望推向极端，他们倡导“存天理，灭人欲”的禁欲主义。这在一定程度上压抑了人们对功名利禄的追求，对金钱和财富的渴望，妨碍了人们去建功立业。再次，在价值观上，儒家倡导重义轻利、不患寡而患不均、以社会和他人为本、知足常乐等思想，这些同以“看不见的人”为人性假设、以个人自利性为根本动力的工商经济无法完全相容。最后，在道德

上，儒家认为“不义而富且贵，于我如浮云”（《论语·述而》）。这种以道德至上的泛伦理主义义利观显然同商品经济存在一定的冲突，“恶是历史的动力借以表现的形式”[①]，虽然“无商不奸”或“无商不奸”的说法并不完全符合事实，况且商场如战场，市场经济竞争的残酷性难免要付出一定的道德代价。过分追求道德的完善将会限制人的经济冲动。也许正是儒家文化从上述几方面无法提供资本主义工商业发展的有力支撑，才使得马克斯·韦伯断言儒家伦理阻碍资本主义经济的生长。

鉴于儒家文化作为2000多年来的正统思想而渗透在中华民族各地域文化之中，它对区域经济产生了广泛而深刻的影响。山东是儒学的发源地，齐鲁文化的形成和发展深受其影响。由轻利观念、仇富心理、均平思想和唯德心态等所构成的齐鲁文化限制了山东人致力于工商业发展的经济活动，尽管古代齐国一度成为商贾云集之地，但这一传统后来逐渐亡绝。虽然近代以来也曾涌现过鲁籍商人，但却缺乏像晋商、徽商、浙商那样具有较大影响力和群体效应的商人集团。时至今日，在山东省的经济生产总值中，农村经济仍占较大比重，山东省尚未摆脱农业大省的束缚，以个体形式闻名的山东商人也为数不多，民营经济发展相对不足，民间资本较为薄弱。广东、浙江、江苏等沿海地区作为全国政权所管辖的不可分割的组成部分，以儒家文化为主的中华传统农业型文化无疑渗透在它们的地域文化体系之中，它同样在某种程度上限制当地工商业的萌生，在古代表现尤甚。不过，近代以来，这些地方相对山东而言受儒家文化影响较轻，加上内在的功利文化的推动及外来海洋文明的激荡，使东南沿海地区商品市场经济发展得更早、更快、更有成效。

2.行为规范

物质文明建设为精神文明建设提供基础，反过来，精神文明建设为物质文明建设提供沿着健康轨道前进的社会规范。同样，经济发展为文化建设创造物质条件，文化建设则为人们的经济行为提供正确的指导。那么，齐鲁文化到底可以从哪些方面对人们的经济行为进行合理调控呢？

---

① 《马克思恩格斯选集》第4卷，人民出版社1995年版，第233页。

一是礼义规范。山东自古以来被誉为“礼仪之邦”，作为齐鲁文化的主干，儒家文化十分推崇礼仪。礼是儒学中的核心范畴之一，“重礼”“隆礼”“尊礼”是儒家思想的基本特色。礼的含义十分广泛，既包括各种仪式、风俗习惯，也包括各种规章制度、规范原则。按照礼来规范人的经济行为，加强制度建设和规范内化，可以使每个经济主体行为规范有序，便于经济领域中的人际互动和关系协调，有助于经济保持稳定健康发展。依照礼来加强企业管理，使广大员工做到“道之以德，齐之以礼”(《论语·学而》)，不仅可以有效约束、调节每个员工的言行，使职工能够做到正身自律，保证企业的规章制度得以贯彻实施，还能够使人做到自重和尊人。另外，礼也有助于树立企业良好形象。一个企业的员工在对内生产活动和对外商务活动中，表现出彬彬有礼、礼貌待客、讲究文明礼节，显然会维护乃至提升企业良好形象。正是由于礼治管理具有上述功效，它在实践上和理论上都受到了极大肯定。例如，年序工资制和终身雇用制被证明是日本企业实现有效管理的制度规定，而它们正好来源于儒家的礼。从企业的建构来说，必须高度重视礼治，只有这样，才能使企业制度健全，秩序井然，规范合度，才能使人各安其职，文明有礼，彼此相互尊重。

义也是中国传统文化所推崇的重要道德规范，儒家尤其讲究重义，贵义是其倡导的主要价值观之一。其主要内容是：提倡“居仁由义”的贵义追求；奉扬“重义轻利”“见利思义”“以义驭利”“舍生取义”等重义轻利的人生价值观；倡导“见义勇为”的品德。虽然不能用重义轻利的道德去约束以自利性和竞争性为基本特质的纯粹市场经济行为，但是，社会有时也要求市场经济主体为了社会公义而牺牲某些利润，做到义利兼顾，甚至是重义轻利。如果只是为了个人利益而不顾及任何道义，进行坑蒙拐骗，大肆生产和贩卖假冒伪劣产品，势必会扰乱经济秩序，破坏市场经济的正常运转。自古以来，道德文章与功利追求、儒与商、伦理人与经济人是可以有机统一的，商人对讲究情义的关公的崇拜和大量儒商的产生，既是明显的例证。

二是和谐理念。用和谐理念去调控人的经营行为，有利于构建良好的经济关系和经济秩序，有利于推动企业的长远发展，这是因为和谐可以提升企业的亲和力、感染力和吸引力。就和谐理念对企业管理的优化而言，和谐也是一种

管理原则和管理艺术。依循和谐观念，至少可以在三方面促进企业管理水平的提高，促使企业创造优良的环境和优质的产品。一是在企业内部培植和谐稳定的人际关系，创造充满和睦亲情的家庭式的温暖内环境；二是在企业对外交往中做到和气生财，既为顾客提供细致周到的微笑式服务，与消费者之间建立互惠互利的社会关系，又给企业带来滚滚财源；三是注意环境保护，讲究生态效益，使企业与自然生态之间保持天人合一的协调关系，努力创建绿色环保型企业。在儒教文化圈的国家和地区，儒家的和谐管理思想受到了普遍重视。在国内外不少现代企业中，企业家们遵循“和为贵”的古训，将心比心的“羁矩之道”转换成“角色互换”的管理范式，成为一条成功的管理艺术，借以实现企业和谐的目标。

三是忠诚精神。儒家极力倡导“立忠信”，认为与人交往要讲究忠诚，做到忠诚待人。可以说，忠诚成为中华民族精神的重要组成部分。忠诚对鲁商文化发展的影响主要表现在能够完善企业文化、优化企业管理上。日本就十分注重培养员工对企业的“忠”，一些日本企业家通过实行终身雇佣制和年序工资制等方法把“忠”的对象转化为所属单位，职工以之作为荣辱与共、利害攸关的“家”（以厂为家），并体现在劳动观之中。这种忠诚意识使日本企业职工归属感、团体感特别强，大大提高了企业的生产效率。在我国，随着改革开放的不断深化和社会的进步，员工对企业的忠诚度得到明显增强，企业的凝聚力得到明显强化，在一定程度上提高了企业的竞争力和吸引力。

四是诚信观念。诚信是中华民族的传统美德，也是儒家伦理的重要内容，它对于一个企业的发展具有重要作用。首先，良好的信用是企业正常运行的内在要求。其中包括信守合同规则、平等竞争规则等。不讲信用，弃守合同，搞不正当竞争，就会扰乱市场秩序，甚至导致信用危机。所以，信用是企业赖以存在和发展的基本规则。其次，良好的诚信关系可以减少融资成本。因为可靠的诚信可以使融资者通过各种渠道筹集资金，加大投资力度，扩大资源配置空间，更好地组织自己的经济活动，促进经济发展。再次，良好的诚信关系可以提高经营质量和效率，加快经营的良性循环，减少企业负担。良好的诚信关系可以节省企业经营成本，若当事人都遵守诚信、履行合同，就会互相受益。明清时期的晋商、徽商和近代山东旧军孟家的“祥”字号商家，正是以守信重信赢得了顾客，带来了生意的兴隆。山东人比较讲义气，重情义，较为实在、厚道。但长期以来彼此交往依赖于人情、礼节、伦常，使山东人诚有余而信不足，重情不重法，不少人缺乏严格的守信观念，更缺乏现代的建立在法制理性基础上的信用意识。因此，某些企业诚信观念的缺失，导致山东地方的假冒伪劣产品屡禁不止，合同的履约率情况不容乐观。

3. 文化环境

文化既是一个区域的形象，也是灵魂，只有具备丰富的文化内涵、独特的区域个性和风格，才能产生地域特色和吸引力。可以说，深厚的人文底蕴、高水平的文化品位、良好的社会风气能够转化成一种无形的资源，极大地提高一个地区的环境竞争力，吸引更多的项目、资金、人才和技术，形成推动经济发展、吸引外资的强大优势。如果一个地方、一个单位人们的道德修养不高，社会风气不正，就会使它的形象受损，就会缺乏信誉度、吸引力和凝聚力，于是它生产的产品无人问津，外商就不会大量投资。事实表明，一些文明单位在引进外资方面占有很大优势。

就古代齐、鲁两国而言，由于文化政策、治国方略、地理方位、历史传统等的不同，两国分别走上了不同的文化发展道路，形成不同的文化体系。首先，两国族源不同。齐国姜姓，出自炎帝族团，虽为周室姻亲，但姜姓文化影响甚巨；鲁国系姬周系，始自黄帝，鲁以继周为宗旨，自称正宗。其次，两国享有不同特权。鲁国享受文化特权，形成了重文传统；齐国则享有军事特权，形成了重武传统。再次，建国方略不同。鲁国全力推行周代礼乐文化，对原始土著民族文化采取“变其俗，革其礼”的措施，大力推行周礼文化，使得文化较为纯净、单一；而齐国在推行周礼的同时，对传统本土文化主张“因其俗，简其礼”，故文化灵活多样。从总体上看，齐、鲁两地文化的差异性主要表现在两个方面：一是鲁文化属仁者型，齐文化属智者型。孔子曾提出过两种文化类型：“知者乐水，仁者乐山；知者动，仁者静；知者乐，仁者寿。”(《论语·雍也》)这实际上是分别对齐、鲁文化本质特征的概括。对此，《论语·雍也》一篇中有所记载：“齐一变，至于鲁；鲁一变，至于道。”二是鲁文化属大陆型，齐文化属海洋型。从客观上说，根据《史

记·货殖列传》所载，“齐带山海，膏壤千里，宜桑麻，人民多文彩布帛鱼盐”；鲁国属内陆丘陵平原地带，适宜农作。从主观上说，齐国重视发展商品经济，重霸道和法术，民风则为足智好斗、机利尚武、宽缓阔达；鲁国则重农业经济，重王道，尚仁义，实行礼治，民风则为俗好儒，备于礼，俭啬，畏罪远邪，尚礼义，重廉耻等。

从总的历史趋势看，齐、鲁文化固然有差别性但也有共同性。两者既有共同的历史背景，又有基本相同的历史文化渊源，加之中国社会“分久必合，合久必分”的历史发展规律，使得齐文化和鲁文化逐渐融合并最终成为一个文化实体。随着秦朝的建立，中华文化的一体化使得齐文化和鲁文化更加趋同。到汉代，由于儒学被统治者抬到独尊的地位，儒家文化便逐渐成为中华文明的主流文化。不过，封建大一统国家的建成及全国统一文化的形成并未完全削弱齐鲁文化作为一个地域性文化的稳定性和完整性，它仍然顽强存活下来。从历史上看，地域文化一旦生成，虽然会随着社会的发展而发生一定改变，但它具有相当大的延续性。例如，上古时代所形成的南北文化差异至今仍保留着，到了 20 世纪，鲁迅先生仍认为“北人厚重，南人机灵”。

长期演化而成的地域文化构成了不同地区经济发展的重要条件。特定的地域文化作为一种文化基因和集体意识，逐渐积淀在该区域绝大多数人的文化心理结构之中，使之形成异于其他区域的价值观念、风俗习惯、思想道德、思维情感模式、行为特质、人格品质等文化特征。由于不同地域人们的文化秉性和文化环境不同，其经济行为决定了经济发展呈现出一定的差异性。从历史上看，明清以来，我国产生了晋商和徽商两大群体，它们深受地域文化的影响。晋商之所以一度兴盛，在货币资本和贸易方面独占鳌头，显然同晋人“深思俭陋”及诚实守信的性格分不开。晋商和徽商所从属的地域文化基本上属于内陆型文明，难以适应现代化工商业及外来经济文化的冲击，在清末民初时便走向衰落。如前所述，齐文化与鲁文化虽然早在秦汉之际就已融合为一个以儒学为核心的统一体，但是这两种文化类别至今仍独立存在着。目前，山东已经形成了东部经济较为发达而西部相对落后的二元经济格局。这种现象固然同地理环境密不可分，但同时在很大程度上也受到了海洋型文明与大陆型文明共存的地域文化特色的影响。如齐文化的好功利、机智善变、灵活阔达等特质，为胶东地区工商业的繁荣发达提供了有力的文化支撑；鲁文化的崇古守旧、知足常乐、尚仁重礼等文化特质，则在某种意义上阻碍了山东西部经济的发展。

（二）近代工商文化和外来文化的影响

近代工商文化，是建立在先进生产力和先进文化基础之上的产业文化。它肇始于19世纪中叶，形成于20世纪中叶，处在中国社会从传统向现代缓慢而艰难的演进转型时期。时代的变迁、动荡，中西文化的碰撞、渗透和新旧观念的搏击、更新，成为近代工商文化形成的大背景。

近代以来，在西方机器工业生产方式的影响下，山东开始从手工业向机器工业转变。越来越多的近代企业采用工厂制或公司制的组织管理形式，与之相适应的生产关系也发生了显著变化，逐渐具备了资本主义因素。以面粉业为例，在外国面粉输入前，山东境内的面粉完全为小磨坊的人力或畜力生产。鸦片战争后，国外面粉不断输入，对山东传统面粉业形成较大冲击，如在1912年经由胶州海关输入的国外面粉数量就达80680担。鉴于机制面粉具有质量优良、效率高效的特点，山东商人逐渐抛弃土法生产，而采用机器生产。于是新式面粉厂在山东地区不断涌现。1915年，张子衡创办了济南最早的机制面粉厂——丰年面粉厂，资本额达75万元，雇用职员35人，雇用工人102人。该厂购有美国制造的面粉机12台、英国造的马力引擎1台、锅炉2个，进行机器生产，年产量达100万袋。[①] 到1937年，济南的主要面粉厂几乎都已使用机器生产。生产方式的转变，反映了山东商人经营观念的进步。许多山东商人采用近代企业制度经营工商业，工厂制、公司制等近代生产经营方式逐步取代手工作坊、手工工场等传统生产经营方式。山东商人的经营活动初步实现了近代转型。

伴随着生产方式和经营方式的改变，山东商人的经营观念也在不断更新，主要表现在以下四个方面：一是注重技术改良，强调产品质量，为工商业的长远发展着想。近代，随着世界市场的形成与发展，西方国家的商品不断冲击着中

---

① 参见山东省政府实业厅编：《山东工商报告》，编者1931年自刊，第1页。

国市场，促使山东商人不断地谋求技术改良，追求产品质量。到民国时期，山东官、商、绅、学等社会各界都参与到了技术改良的行列。以棉纺织技术改良为例，政府专门派人到日本学习先进技术，以推进山东棉纺企业改良。山东省长公署在临清设立山东棉业试验场，并创办省立棉业讲习所，为山东省的棉纺织技术改良树立了榜样。山东省还育成了“脱字第36号美棉”，因其质量优良，推广颇为顺利，很快便享誉国内外。[①] 二是制定新式行业规范，主张任人唯贤。近代山东商人逐渐打破以前流行的商帮观念，选贤任能。如苗星垣创办的济南德馨斋酱园由于管理不善曾连年亏损，这也使苗星垣认识到，必须采用先进管理方法，充分发挥人才的作用。1942年，苗星垣聘请孙华锋为资方代理人兼德馨斋掌柜，赋予其充分的经营权、财政权、人事权和奖惩权等，使德馨斋进入了一个新的发展时期。三是竞争和超越意识不断增强。山东商人在近代中外力量交织在一起的复杂形势下，形成了一种随机应变的经营风格，竞争和超越意识明显增强，为工商业制胜创造了条件。四是注意提升企业形象。近代山东商人所办的商号几乎都有商店招牌，注重对企业的宣传，并在广告手段上不断推陈出新，以提高企业的形象和知名度。如宋棐卿创办的东亚公司提出：“本公司所出品之毛线，为我国货中之新出品，更需宣传，以引起社会之同情与注意。”[②]

近代山东工商文化是在中西文化交流碰撞的大背景下形成的，它一方面接受了西方资本主义国家的工商文化，另一方面也受到以儒家文化为主干的中国传统文化的影响。作为孔孟之乡，长期受到儒家文化的熏染，山东人的心理和性格也具有明显的保守倾向，在近代转型的社会中其开放性仍然落后于一些先进省份。正如刘德增所说：“只要一打开中国地图，我们就会知道，在中国古代，咱山东人是只往西看而不太向东看的。在西方，是更广大的东亚大陆，是咱活动的更广大的空间……但是，当咱两眼只注视着西方大陆的时候，福建人、广东人乃至安徽和湖南人却已把目光投向了海外。在古代，福建和广东人也只向北方的大陆眺望，但他们离京城太远了，望起来太渺茫，走起来太遥远，爬起来太

① 参见宋志东：《近代山东商人的经营活动及其经营文化》，山东大学博士学位论文，2008年。

② 邓卫生、刘志满主编：《东亚企业文化》，天津社会科学院出版社1995年版，第5页。

艰难，到了近代海禁一开，向外向里一般远，他们早早地就开始向外看，向外走，把海外的世界纳入到了自己的视野之中，行程之内。但咱山东人却已经走惯了向西的路，走惯了，走顺了，靠着海但却走不惯海路，在广东人、福建人坐着船向外走的时候，咱山东人则坐着火车向里涌。这一来，咱山东的文化在中国文化中的地位可就大大下降了。在中国古代，咱有孔子，有孟子，有墨子，有孙子，圣贤在山东，才子出齐鲁，到了近现代，开风气之先的是哪里的人呢？第一个睁眼看世界的是福建人林则徐，提出太平天国理想的是广东人洪秀全，洋务运动的首领是湖南人曾国藩……在这样一个中国近现代历史人物的图表中，咱山东人是缺席的。如果说这些人物是放眼看世界的人物，咱山东人的缺席则是因为咱仍然只是向西看，只看咱中国的人。咱也看到了世界，但那是人家先看了，咱是从别省的中国人那里看到的，是跟着人家去看的，咱主动去看的情况可以说一次也没有。在古代，咱得风气之先；在近现代，咱得的是风气之后。”①

山东人的保守倾向使得山东民众在初期对近代机器生产的认可度不高，也对山东商人的机器生产造成了消极影响。但逐步开放的工商环境，不断在推动着山东商人逐渐开放，也最终使他们能够放眼世界，适应近代以来经济全球化的趋势。如青州商人宋棐卿认为，兴办实业要立足中国，放眼世界。他指出：“我们公司在中国的实业界，一般人夸奖是数一数二，可是我们对于现状永远是不满意的，也是因为我国的实业太落伍，能创办事业的人才也比较少，所以很容易跑到前面。将来的新兴事业自然一天强似一天，我们若不努力，也不难落在人家的后头。所以我们无时无刻不是努力研究改善扩充我们的内部，时时刻刻的尽全力扩展我们的营业范围，不但我们要保持在中国数一数二的美誉，而同时我们要在世界实业界上争得相当的地位，给我们谋求较大的出路，给国家争光荣。”②宋棐卿的话道出了处在近代社会转型中的很多山东商人的心理变化。山东商人深受儒家思想影响，有着很强的社会责任感。近代以来，山东饱受外国侵略之苦，民族主义意识不断高涨。在这种背景下，山东商人以振兴实业、维

① 刘德增：《解读山东人》，中国文联出版社 2006 年版，第 224～225 页。

② 邓卫生、刘志满主编：《东亚企业文化》，天津社会科学院出版社 1995 年版，第 8～9 页。

护国家权益为己任，提倡民族主义，主张实业救国。从诸多史料中可以看出，山东商人创办实业大多以“实业救国”“挽回利权”相号召，鲜明地表达了爱国主义立场和实业救国的心愿。

近代山东商人继承了鲁商以义制利的传统，又赋予其新的时代内涵。面对外国势力的大肆入侵，很多山东商人又把求利和民族大义联系起来，挽救民族危亡，主张“实业救国”，以富国强民。可见，近代山东商人在继承中国古代优秀传统的基础上，又融合了新的时代使命，从而形成了新的义利观、价值观。同时，对优秀传统的恪守是很多山东商人的行事准则。山东人的重情重义、讲究诚信，在经商中也为他们赢得了良好的信誉。如胶州人忠厚老实，保守信义，是自古以来的传统美德，这在长期的交易中赢得了南北客商的信赖，名声远播各埠。济南的瑞蚨祥一贯秉持货真价实、童叟无欺的经营理念，讲究诚信为先，赢得了顾客的信赖。近代山东涌现出了大批重视诚信、讲求质量的商人，代表了山东工商业道德的发展趋势，也为近代山东工商文化增添了光彩。

随着近代对外贸易的广泛进行，尤其是烟台开埠之后，外来文化对山东传统文化给予很大冲击，而西方传教士的到来，更是加速了山东的本土文化与外来文化，尤其是宗教文化的冲撞、融汇。

传教士在近代中国与西方的文化交流过程中，担当了文化传播与文化渗透的双重角色。西方基督教凭借不平等条约的庇护和自身的努力，在近代中国得到广泛发展，几乎遍及全国各地，并在近代中国社会各个领域产生了很大影响。山东作为孔孟之乡，又是中国的一个沿海大省，其优越的地理位置、宜人的气候以及集中国传统文化精华的儒家文化对西方国家产生了强大的吸引力。第二次鸦片战争之后，西方列强把山东的登州（后改烟台）辟为通商口岸，西方基督教传教士从此纷纷登陆山东。经过在近代的传播，基督教终于在山东立足、发展起来，给传统的山东社会注入了西方的文化和思想，在一定程度上影响了山东经济社会与文化的变化。

最早进入山东的基督教差会是美国南浸信会。1860 年夏天，该会传教士花雅各（J. L. Holmes）和他的妻子由上海乘船到烟台建立了山东第一个教会组织。此后，又在登州、黄县、平度建立教会。差不多同时到达烟台传教的还有英国浸信会。[①] 1861 年，美国长老会也开始进入山东，这一年，倪维思（John Livingstone Nevius，1829～1893）牧师和妻子从宁波来到山东，他们和梅理士（Charles Rogers Mils，1829～1895）等人在登州建立了长老会第一个牧区。伴随着浸礼会、长老会在烟台建立传教基地，其他差会也开始在山东觅求自己的传教活动地盘。据统计，先后来山东的新教差会主要有美国公理会、美国美以美会、英国浸礼会、英国圣公会、英国圣道公会以及德国柏林会和不分国籍的内地会等，他们陆续在山东安营扎寨，设教区，建教堂，发展教徒。总之，到 19 世纪末，伴随基督教教会来山东数目的增多和活动区域的扩大，他们在山东的传教势力有了较大发展。“到 1900 年，在山东的新教传教士达到 300 余人，教徒 15000 人，还有华籍教士 400 余人”[②]。

基督教作为一种文化势力，在山东的布道过程实际上是一种文化传播的过程，是一种异质文化在另一种文化环境中的再发展。山东为“孔孟故乡，受儒教熏陶，士民好学、尚礼”[③]，传教士直接宣讲教义和招收教徒的工作一直都遇到强大的阻力。因此，为尽快打开基督教在山东的局面，各教会纷纷将传教内容转向传播西方文化科学知识，兴办讲授西学的学校，以教育作为在山东传教的辅助手段。据张玉法的统计，1863 至 1916 年间，外人在山东办学校 119 所，其中 74 所为教会所办，计美国各派新教合者 47 所，英国各派新教合办者 14 所，其他国家新派教会办者 5 所，各国新派教会所办者 4 所，青年会所办者 4 所，主教会所办者 2 所。[④] 经过多年的经营，这些由教会组织主持的学校不仅遍布城乡，还具有了相当可观的规模。

应该看到，西方教会开办学校的目的是为了传播西方文化，并吸引更多的人皈依基督教会。如美国传教士倪维思就曾指出，基督教教育应该和传播科学知识结合起来，它们是“上帝赋予教育打开天国大门的工具和争取人们信仰福

---

① 参见陶飞亚、刘天路：《基督教会与近代山东社会》，山东大学出版社 1995 年版，第 9 页。

② 孙祚民主编：《山东通史》，山东人民出版社 1992 年版，第 512 页。

③ 参见陶飞亚、刘天路：《基督教会与近代山东社会》，山东大学出版社 1995 年版，第 17 页。

④ 参见张玉法：《中国现代化的区域研究》（山东省・1860～1916），（台北）“中央研究院”近代史研究所 1982 年版，第 195 页。

音的手段”[①]。在他看来，“在中国办学是最省钱、最有效的传教方法，它们只花费差会的力量和传教士的劳力与时间约四分之一，却为该地教会提供了很大一部分的教徒”[②]。可见，其办学目的在于招收教徒。但是，传授各种自然科学和人文科学的知识毕竟也是山东教会学校的一项重要的教学内容。如登州文会馆的课程设置就有中西语言文学，还有天文、地理、几何、机械等内容。1877年，基督教传教士在上海成立了学校教科书委员会，决定编写两套中文教材，要求内容除宗教教义以外，须包括算术、几何、代数、测量学、物理学、天文学、地理学、自然地理、化学、植物学、动物学、解剖学、生理学、自然地理、自然史、西方工业等自然科学，还有政治地理、宗教地理、古代史纲要、现代史纲要、中国史、英国史、美国史、语言、文法、逻辑、地理哲学、伦理科学、政治经济学等人文科学。[③] 20世纪初，山东基督教共和大学文理科，又称“广文学堂”，其开设的课程除宗教和伦理学之外，“西学，包括六年数学课程……两年物理，化学、天文学、生理学和地质学各学一年，此外还有世界史和政治经济学”[④]。这些教会学校，不仅向山东地区传播了西方宗教神学，在训练和培养新型人才以及社会风气的转变上，都有相当的影响，从而在一定程度上影响着山东商人的近代发展。教会学校的兴办和西方文化的传入，推动了山东社会文化价值观的转变，也增进了山东人对西方的了解，从而有利于山东人对西方新知识的吸收。在近代山东商帮中有一批著名的买办商人甚至企业家，都与教会或教会学校有过相当密切的关系，有的还信奉基督教或毕业于教会学校，成为山东商帮中的一代新人。

基督教作为一种新的社会因素，借助传教士的传播和中国教徒的活动，开始了在中国社会内部逐渐生长的过程。而这个过程恰恰是中国社会文化急剧变迁的过程。西方的宗教、教育等文化形式对山东文化现代化影响极大，并对整个山东社会经济的发展产生了影响。在传播宗教的同时，外国传教士还在山

---

① 陈学恂:《中国近代教育史教学参考资料》下册，人民教育出版社1987年版，第6页。

② 顾长声:《从马礼逊到司徒雷登——来华新教传教士评传》，上海人民出版社1985年版，第71页。

③ 参见[英]韦廉臣:《学校教科书委员会的报告》，陈学恂主编:《中国近代史教育教学参考资料》下册，人民教育出版社1987年版，第86页。

④ 刘广京:《中国早期的基督教大学》，人民教育出版社1960年版，第35页。

东各地开医院、施救济，甚至提倡发展工业，对山东的经济、社会现代化起到一定的推动作用。值得注意的是，在基督教徒所创办的经济事业中，开始时多是作为外资企业附属物而存在的，有些教徒实际上充当了外国企业的买办。随着教徒企业的发展，这种附属与合作的关系大多变成了竞争的关系。诚然，参与近代经济活动的基督教徒毕竟只是一小部分，成为工商业资本家者则为数更少。不过，与社会上任何一个类似的团体相比，这个比例则是相当高的了。[①]

二、鲁商文化形成与发展的政治条件

（一）行政推动

先秦时期，齐国统治者多实行较为宽松的商业政策，这样就为工商业的迅速发展提供了有力保障。据《汉书·地理志》记载，吕尚被封为齐侯，当时“齐地负海潟卤，少五谷而人民寡”。他在治国时因地制宜，“通商工之业，便鱼盐之利”（《史记·齐太公世家》）。利用山东半岛自然资源的优势，开发海洋，鼓励手工业和商业的发展，并“劝其女功，极技巧，通鱼盐”（《史记·货殖列传》）。

齐桓公时，任用管仲为相，在促进商贸流通和优待商客方面采取了诸多政策和举措，主要有：一是按职业的不同，分民众为士、农、工、商，“四乡，商人立民”，分业定居 21 乡，商人立 3 乡。同业同族聚居，经商营利之道和商业道德等行为规范，便于父传子，兄传弟，邻里传习和交流，互相提高，互相促进；作为商业活动中的决定因素，人们的素质和水平不断提高。二是广设市场，为行商坐贾提供更多的交易场所。齐都以唐园、杭庄等大市场著称，桓公宫中还设有 7 个小市场。滨海鱼盐大市场以东莱、渠展称最。三是“弛关、市之征”，即减轻关税和市税：关税百取一，市税百取二；关、市税不重征，凡收取了关税的就免征市税，反之也是如此；对通商于东莱、渠展等市场的内外商客，关、市税免征，只履行注册登记手续。四是修道路，平险阻，统一度量衡，建成与列国通商往来和经济交流的网络。齐国对外通商的官道有 16 条，都实行关、津开放，并建立路标，标明距离、险易，确保 16 条商道畅通无阻，沿路驿站设施配套齐全，从业职员严

---

① 参见陶飞亚、刘天路：《基督教会与近代山东社会》，山东大学出版社 1995 年版，第 152～153 页。

格履行职守。[①]

后来晏婴为齐相时，为巩固统治，采取了工商不变政策，即工商业者坚守其业，搞好商品生产和流通的工商管理政策，促进了工商业的发展。直至战国，齐国重视发展工商业的传统，使其工商业仍旧十分发达。

秦汉以后，中国进入封建社会，统治阶级为适应小农经济的需要，推行“重农抑商”政策。但也有学者认为，中国古代的“抑商”并非抑制商业，而是抑制私商，同时发展官商。[②] 在抑制私人商业方面，政府对商人采取多种方式的勒索和掠夺。而在保护和发展官营商业方面，政策主要有三个方面：一是实行专卖制度。从商鞅时“收山泽之利”到汉代的盐铁官营，直到清代的盐茶等专卖。二是发展官商。由国家占领大宗货物或特殊货物市场，排挤私商，攫取商利。从商鞅开始控制粮食贸易，汉代的“均输平准”，直到明清时设置的形形色色的官商机构。三是国家垄断货币铸造权。从秦始皇铸半两、汉武帝铸五铢开始，铸币权就一直控制在中央政府手中。这样，在秦汉以后的古代社会，一方面是国家推行“重农抑商”；另一方面，又实施专卖，搞商业官营，二者并行不悖。

近代以来，官方对于发展民族工商业的态度渐趋积极，特别是清末以来制定了诸多工商法规，推动了工商业的发展。1912 年 8 月，北洋政府工商总长刘揆一极力主张实行“工商立国”的经济策略。在他的努力下，国家颁布了一批工商法规，如《暂行工艺品奖励章程》《公司注册规则》《商事公断处章程》《商会法》《矿法》等草案的制定，此后又颁布了《公司条例》《商人通则》《公司注册规则》《公司保息条例》《商业注册规则》《劝业银行条例》等。[③] 国家工商经济政策的转变，为包括山东在内的各地工商业的发展提供了良好条件。自烟台开埠以来，山东地方政府支持民族工商业发展的态度随着国家宏观政策的进步而日益坚决。为了抵御外侮，挽回利权，加强统治，以求强求富为目标，山东地方政府兴办了一批官办军用及民用工业，使山东经济近代化迈出了艰难的第一步，这

① 参见刘斌：《齐鲁文化知识 100 题》，齐鲁书社 2001 年版，第 72 页。

② 参见袁林：《中国古代“抑商”政策研究的几个问题》，《陕西师范大学学报》（哲学社会科学版）2004 年第 4 期。

③ 参见季立刚：《民国商事立法研究》，复旦大学出版社 2000 年版，第 55～62 页。

对山东民族工业的发展起了良好的示范作用。民国时期,山东地方政府进一步把发展工商业提高到了关系民生的高度,完全颠覆了传统社会的本末观。1920年,山东省召开第一次全省劝业会议,此后又举办了数次,表明山东省政府对实业的重视程度有很大提高。作为全国首家,山东劝业所设立的目的是发展实业,在各县设立分所是为了使各地实业均衡发展。山东劝业所及其下属机构的设立推动了工商业的发展,改善了民生,增加了财政收入。此后,各省争相前来学习山东的经验,不少省份仿效山东设立了劝业所。可见,政府由过去的重农抑商到大力提倡实业,实为经济发展大势使然。山东省省长在第一次全省劝业会议上的训词中说:“夫实业为人民生存之要素,国家富强之本原,世界各国无不以讲求实业为谋国之大计者,夫人而知之矣。”①可见,官方已把发展实业提高到了关系国计民生的高度。

(二)官商结合

自鲁商之祖子贡、范蠡之始,山东的商人便与官府有了联系。子贡在孔子门下学成之后曾在卫国为相,《史记·货殖列传》中载:“子赣既学于仲尼,退而仕于卫,废著鬻财于曹、鲁之间。”可见子贡在做官的同时,也在从事着“跨国贸易”。亦商亦官,子贡可算开了鲁商近官的先河。范蠡因为贤明能干被齐王请进国都临淄,拜为主持政务的相国。据《史记·越王勾践世家》记载,范蠡为官三年,懂得“居家则致千金,居官则至卿相,此布衣之极也。久受尊名,不祥”的道理后,便辞去相职。可见,从春秋战国时开始,鲁商与官府便存在着一种难解难分的关系。

在封建社会中,中央政府掌握着整个社会生产资料的支配权,政府政策是商人经济活动的重要参照,政府的支持是商业兴旺发达的一个重要条件。因此,山东的商人往往要把自身的命运和政府联系在一起。明清时期,盐商、当商是实力最强的商人,这两行的商人与官府的联系也较其他行业的商人更为密切,特别是他们所获商业利润的多少受政府政策的变动影响较大,因此,更需要和官府搞好关系。清乾隆朝山东巡抚朱定元在给皇帝的一个奏章中提到,“地

---

① 山东省政府实业厅编:《山东第一次全省劝业会议录》,编者1920年自刊,第1页。

方陋规，自应尽革，中有盐当商规礼，系各商愿送，相沿日久。请将此项存半，为各属添补公用，余解司充公，为赏捕缉盗之用”（《清高宗实录》）。所谓“规礼”就是指旧时官吏、差役凭借便利，巧立名目所需索的陋规。从该奏章中可以看出，在当时山东地区盐、当二行商人中流行着一种习俗，即每年要向地方政府敬献一份不薄的银子，以作为地方官的额外消费之用。朱定元在奏章中说，这是各商人自愿奉送的，恐怕有为官府脱责之意。在当时的情形下，官府牢牢把握着商人的命运，商人要想获得更大的利润，就必须和官府搞好关系。因此多数商人向官府送礼是无奈之举。

为了买卖的顺利进行，很多商人会主动和官府搞好关系，他们往往通过各种途径，诸如联姻、送礼、交友甚至亲自做官等方式与官府攀上联系。明代济南府有个叫万明达的盐商，据说其女儿不仅“有惊人之色，而且有过人之德”，当时正值花样年华，擅长烹饪，针线女红也不逊于别人。其“温慧婉娩，事上使下，不惟女辈不及”，即使一些老妇“自谓当年亦远之耳”。万明达视女儿如掌上明珠，对于上门提亲的人一概予以回绝。后来，一位任巡检的官员王贡托人向万明达家求婚，欲娶其女儿为继室。万明达这次没再挑剔，很快就答应了这门亲事，“媒一请而听也”。（《闲居集·墓志·南顿巡检古泉王君合葬墓志铭》）万明达不愿把女儿嫁给年轻的后生做正房，而乐意将女儿嫁给一位官员作继室，其原因就是看中了官员的身份。在当时，与官员结为姻亲关系是许多商人梦寐以求的事情，这既可以使自己在经商中受到庇护，又可以因现任官员老丈人的头衔而获得世人尊敬。

济宁玉堂酱园主人原为苏州一戴姓潜运船户，乾隆年间，戴氏常往来于苏和济宁之间。经过长时间了解，他发现济宁是一块经商的风水宝地，便“弃运商”，在济宁南门外运河南岸开了个酱菜铺，称为“姑苏戴玉堂”。后因戴氏所产以南方口味为主，所以生意不是太好，加之戴氏年事已高，便急于将酱园转让。这一消息被济宁德聚药材栈经理冷长连得知，便想把酱园盘下来。于是他与济宁望族两江总督孙玉庭联系，两人经过一番协商后，各出资白银 5 两买下了酱园，将酱园改名“玉堂酱园”。冷长连为济宁的大药材商人，区区 5 两白银对他来说只是个小数目，他之所以不愿自己独资买下，而去与孙氏联合，恐怕是想通过这一机会，和官居两江总督的孙家建立密切联系，使自家的生意得到孙家庇佑。[①]

明清时期实行捐官制，许多山东商人为了取得官方身份，而向官方进贡。但大都只捐个虚衔，借以提高自己的地位，以图经商时免受欺负。如章丘孟家从明洪武年间定居旧军镇，至光绪末年，共有 92 人得到官衔，其中竟有 90 人为捐职。商人孟洛川也很注重与官方来往。1900 年，孟洛川出任山东省商会会长，与时任山东巡抚袁世凯拉上了交情。1911 年，在袁世凯任大总统之时，孟洛川挂名参政。为了巩固自己的政治地位和产业，他还屡屡通过联姻的方式与达官贵人加强联系。他的次女嫁给了徐世昌的侄子，三儿子孟建初娶了山东大官僚何春江的女儿，长孙孟式雍娶了曹锟的孙女。这种亦官亦商的局面，对其商业的发展壮大是起了巨大作用的。可以说“旧军孟家明于经商理业，精于官场仕途，是发家治(致)富之所在”[②]。

从长远发展的角度来看，通过与官府加强联系来企盼官府对商家发展的庇护的经商方式必然是负面的。商业的发展需要自由的市场空间，而官府对商业发展的横加干预势必造成商品市场发育的畸形。但在管制浓郁的封建社会以及这种风气延续的时代，山东的商人甚至是整个中国的商人群体都无法解决这个矛盾。时至今日，官本位的思想仍残留在山东商人的潜意识之中。

三、鲁商文化形成与发展的社会条件

(一)城市化

“城”和“市”最早是两个不同的概念，产生于不同时期的经济范畴。“城”先于“市”产生，早期的城是一种防御性的堡垒，也可称“城垣”“城堡”“城池”“城郭”。《墨子・七患》曰：“食者，国之宝也。兵者，国之爪也。城者，所以自守也。此三者国之具也。”这反映出当时对城池的政治与军事作用的重视。在山东，这种以防御为主的城堡在 4000 多年前的龙山文化时期就已出现，考古学家在山

---

① 参见胡广洲：《明清山东商贾精神》，山东大学博士学位论文，2007 年。

② 山东省政协文史资料委员会、济南市政协文史资料委员会编：《孟氏和清廷的关系》，济南出版社 1991 年版，第 17 页。

东章丘城子崖、寿光边线王、临淄桐林田旺等地发现了古城堡的遗址。城内已普遍出现规模较大的夯筑宫殿或宗庙基址，城周围分布有一定数量的较小的聚落。与“城”相对应的“市”的概念则是指进行贸易和交换的场所。《孟子·公孙丑下》中说：“古之为市也，以其所有易其所无者，有司者治之耳。”市的存在，便于人口的流动、交易的集中。当商品交换越来越成为城堡中必不可少的内容时，“城”与“市”必然在区域上形成一个整体。大约在商周时代，城与市的结合就比较规范了。

春秋战国是中国古代城市发展的一个重要时期。一是城市数量的增多。各诸侯国都重视筑城以卫民，筑城以兴国。二是城市的规模进一步扩大。《史记·货殖列传》载：“临淄亦海、岱之间一都会也。”其大小城池总长21433米，到战国中期临淄户数达7万，足见城市的人口规模。[①] 城市的发展也带来了商业活动的兴旺，当时的临淄城内冶铁、冶铜、铸铁等手工业作坊集中，商业市场也很繁华。公元前333年，苏秦在齐宣王面前游说时盛称“临淄之涂，车毂击，人肩摩，连衽成帷，举袂成幕，挥汗成雨，家殷人足，志高气扬。”（《史记·苏秦列传》）而另一城市定陶，地处齐、宋、鲁、卫之交，居古代“午道”之上，成为东西南北的交通枢纽和四面八方货物交易集中的地方，商业繁华一时。

秦汉建立了统一的封建制国家，结束了几百年的诸侯纷争割据，为工商业和城市的发展创造了有利条件。特别是西汉初期推行的休养生息政策，使经济得到较快的恢复和发展，城市也出现了一定程度的繁荣和发展，兴起了一批商业性都市。汉桓宽《盐铁论·通有》记载：“燕之涿、蓟，赵之邯郸，魏之温轵，韩之荥阳，齐之临淄，楚之宛丘，郑之阳翟，三川之二周，富冠海内，皆为天下名都。”临淄和长安、洛阳、南阳（宛）、邯郸、成都等六大都会，都是当时的商业中心城市，市场布局已较为系统和完善，而且达到一定规模。《盐铁论·力耕》云：“自京师东西南北，历山川，经郡国，诸殷富大都，无非街衢五通，商贾之所臻，万物之所殖者。”可见，城市的发展是以商业的繁荣为重要内容的。

明清时期是山东商业城镇发展的一个重要阶段，除了原来一些传统的政治

① 参见张鸿雁：《论战国城市的发展》，《辽宁大学学报》1982年第6期。

中心外，大批商业化城镇迅速兴起。由于这些商业城镇是随着商品流通的发展而兴起的，因而大多分布在交通干线上。其中以山东西部运河两岸兴起为最早，明代中叶已开始出现；东部沿海的发展稍后，始于明隆庆、万历年间，清初海禁解除后得以迅速发展；清乾隆以后，山东中部陆路商道也有一批商业城镇相继崛起。

(1)运河沿线城镇的兴起。永乐九年(1411)，明政府重新疏通由于黄河决口被淤塞的会通河，同时对大运河南北各段都进行了治理，使全河畅通无阻，漕粮悉由大运河运往京、通二地。从此，大运河成为漕粮运输和南北商贸往来的主要渠道。沟通南北经济的大运河，大大改变了鲁西的地理交通条件，为一向闭塞的鲁西地区与外地的交流提供了便利条件，使鲁西地区出现了一批新兴的工商业城镇。除临清、济宁、聊城、德州之外，张秋、古亭、南阳、夏镇等一批城镇也相继兴起。这些城镇经济的发展主要表现为坐地贸易与转运贸易的繁荣与活跃，这不仅促进了城镇规模的扩大，而且也带动了周边农村商品经济的活跃。

(2)东部沿海的商业城镇。山东半岛的登、莱二府北临渤海，南临黄海，凭借优越的地理位置，其海上贸易逐渐发展起来，出现了一些重要的商业码头，如胶州、莱阳、黄县、蓬莱、掖县以及烟台、威海等。

(3)商业的陆路流通则以省城济南至东三府(“登州、莱州、青州”的总称)的驿道为主干，沿线兴起一批商业城市。除济南外，青州府治益都、莱州府之潍县是陆路交通的主要枢纽。此外，博山(古称“颜神镇”)是由工矿业发展而兴起的工商业城市，泰安则是由岱岳祠庙所在引致商业的繁荣。

这些城镇主要是由商品流通兴起的，所以其最重要的经济功能就是在流通中的转运枢纽作用。临清是明清时期山东最大的商业城市，明朝时，它曾是全国性的商品流通枢纽，清代仍是冀、鲁、豫三省的粮食交流中心。其他各城镇也多为山东各经济区的流通中心，也是各路商人的汇聚地。

(二)行会组织

行会是区域商人与行业商人的相对独立的社会组织，它源于民间结社习俗。“社”最初是按照民意自发形成的以敬神为中心的自治组织。为适应商业

发展的需要，汉唐时期的政府实行坊市制，工商业户在固定的坊市内按商品类别排成行列，称之为“行”。唐有二百二十行，宋有三百六十行。在唐时，坊巷乡又出现了一种以亲睦、教养，经济上相互帮助的机构，称之为“社”，亦叫“社邑”。同行商人组织起来的自治社就是商业行会。到了明代，商业行会又称为“会馆”“公所”“公会”等，有时也称为“帮”或“会”。以商帮形式出现的商业集团在明代中期陆续崛起，地域商人对于商人具体的“帮”可追溯到清初。文献中“商帮”字样的出现最早见于清朝末年。《清稗类钞》对农商类“客帮”条进行了解释，“客商之携货远行者，咸以同乡或同业之关系，结成团体，俗称‘客帮’，有京帮、津帮、陕帮、山东帮、山西帮、宁帮、绍帮、广帮、川帮等称”，山东商帮是“中国古代十大商帮”之一。①

在明代以前，山东商人大多是单个的、零散的，经商活动各自为战，没有出现具有地域特色的商人群体。从明代中后期开始，大批山东籍商人走出家乡，从事商业活动。山东各业商人、商号之间除买卖经营关系外，还经常按不同籍隶或行业组成各种行帮、会馆，以维护自身利益，协调彼此关系，增加团体力量，共同对付外来压力。鲁商行会组织名称，似乎始终没有统一的规范，有的叫“社”，有的叫“会馆”，有的叫“公所”或“公会”。

表 3-1　　明清山东商人会馆一览表

会馆名称	所在地	始建时间	出资人	奉祀主神	出　处
山东会馆	南京讲堂大街				《金陵杂志·会馆志》
济宁会馆（大王庙）	江苏吴江盛泽镇	康熙十六年	济宁众商人	金龙四大王	《吴江盛泽镇济宁会馆置田建庙记》
东齐会馆	江苏吴江山塘	康熙二十年	青、莱、登三州商人	关帝 天妃	《重修东齐会馆碑记》
山东会馆	安徽芜湖	明代			民国《芜湖县志》卷五《城厢》

① 参见刘学良：《鲁商的发展与完形》，《传承》（学术理论版）2009 年第 5 期。

续表

会馆名称	所在地	始建时间	出资人	奉祀主神	出　处
山东会馆（山东至道堂）	上海吕班路	顺治年购买义地，光绪三十二年建馆	旅沪山东商人	孔子	《山东至道堂征信录》、民国《上海县续志》卷三《建制志》
山东会馆	江西铅山县河口镇	明末			万历《铅山县志》
山东会馆	武昌北斗桥北	清代			同治《上江两县志》卷五《城厢》
齐鲁公所	武汉汉口戏子街	清代	旅汉山东商人		民国《夏口县志》卷五《建置志》
山东会馆	河南祥符县（今开封）				光绪《祥符县志》卷一《舆图志》
山东会馆	西安五味什字			孔子	民国《咸宁长安两县续志》卷七《祠祀考》
山东会馆（又齐鲁会馆、济南会馆、寿张会馆、汉水会馆、武定会馆、青州会馆）	北京校场头条胡同路西铁香炉	清代			《中国经济全书》第四编《会馆公所》
济宁会馆	天津北门外西崇福庵	清代	济宁商人		《津门杂记·会馆》
山东会馆（天后宫）	辽宁海城县大南门内迤西	清乾隆初年	山东黄县商人	天后	民国《海城县志》卷三《地理》
山东会馆（天后宫）	辽宁盖平县（今盖县）城	清嘉庆年间	山东商人	天后	民国《盖平县志》卷二《建置志》
山东会馆（天后宫）	辽宁金县	清乾隆五年	山东船户	天后	《天后史迹的初步调查》，载《海交史研究》1987 年第 1 期

资料来源：胡广洲：《明清山东商贾精神研究》，山东大学博士学位论文，2007 年。

这些商帮会馆的建立，有利于山东商人联络同乡，互相帮助，进行工商合

作，对促进山东对外贸易的发展起到了很大的扶持作用。在发展过程中，会馆的功能也不断增加、规范和完备，集祀神、合乐、义举、公约等功能于一体。如清末上海的山东会馆就具备这四项主要功能：(1)在规定时间供奉神灵天后圣母、文圣孔子和武圣关羽，祭祀已故异地的同乡，使众商人有着共同的信仰和精神联结纽带，增加乡谊，增强凝聚力，同时为人们提供了集体议事的机会；(2)为众商提供了聚会娱乐的空间，使人们在节假日中得到放松，愉悦心境；(3)倡行义举，募集人力、物力、财力，用来解决同乡困难，更重要的是，藉此解决死者的暂厝、安葬问题；(4)订立公约，要求会员遵守会馆的规章制度，维护众商利益，树立山东商人的良好形象。[①] 当然这些会馆也带有很大的局限性，会馆以维护同乡利益为目的，帮派性特点相当明显。传统商人组织适应了自给自足的自然经济制度，但是却不能适应近代工商业的资本主义发展，因此它必然要淡出历史舞台。

20 世纪初，商会兴起。光绪三十年(1904)，清政府颁布了《商会简明章程》，商会的存在有了法律依据，地位开始确立。1903 年，以山东商务总会的成立为起点，至 1912 年山东全省成立了 47 处商会组织。关于各地商会的设置、职能情况，有记载称：山东“各地商业，俱有商会组织，各业间各商家间之排难解纷，及与地方政府之接洽事项，为其主要职务。至调查各地商情，领导商人贸易，以促进本地商业之发展者，尚未尽其功能。各地商会，大都每县一所，设在县城，各村镇亦有以商业发达，而另设商会或分会者。各业间尚有同业公会，属于商会，受其指导。各业之有公会组织，而交易额较大者，大致可分棉纱绸布、杂货、食粮土产、油、酒、药材、银钱、转运、旅馆饭庄、煤炭等项，实为境内主要贸易”[②]。

相对于会馆公所等传统商业组织来说，商会是一种新型组织。它的建立，在协调商人经营、促进内部团结、增强凝聚力等方面都发挥了重要作用。首先，商会克服了传统商业组织各自为战的弊端，把商人组织到一起，以便保护自己的贸易权。其次，注重学习西方先进生产工艺、制造技术。商会已认识到西方

---

① 参见彭泽益主编：《中国工商行会史料》上册，中华书局 1995 年版，第 880～891 页。

② 胶济铁路管理局车务处编：《胶济铁路沿线经济调查报告总编》(下)，文华印书社 1934 年版，第 2 页。

的优势在于生产技术，要改变这种不利的贸易状况，只有学习西方先进技术。再次，抵制洋货，维护国权。光绪三十一年(1905)六月初，成立不久的济南商会、烟台商会积极响应上海工商界抵制美货，维护华人权益的提议，号召“各地不定美货，以为抵制”。济南商会还领导开展了收回津浦铁路路权的运动。1905年6月，济南商会与天津商会协议自造津浦铁路，专用华人资本，不收洋股，并在济南成立商股公司。以此为开端，山东全省展开了“废约自办”的保路斗争。1905年7月28日，山东籍京官集议筹款设立公司，自办本省路矿。1908年，直、鲁、苏、皖四省官绅设立津浦铁路有限公司，力争筹款自办，收回路权。由于清政府的干涉和资本不足，筹款自办津浦铁路的愿望没能实现，但商民的斗争也使英、德两国不得不作出让步，清政府向英、德两国的借款数从740万镑削减为500万镑，津浦铁路的名誉建筑权归中国。1908年，济南商会与各界人士联合成立山东保矿会，要求山东收回德国违约开采的诸城、安邱、蒙阴、沂水、潍县五处矿权，并于1911年收回中德合办的中兴煤矿、华德矿务公司和山东矿务公司权。但是，由于商会尚处于初创时期，各项规章还不完备。商会中虽有像孟洛川、王晓斋这样的商业领袖为协理或会长，但因受到政府的掣肘，商会的作用受到一定的限制。[①]

第四节　鲁商文化的主要特征

根植于齐鲁文化土壤中的鲁商文化，有着自己独特的商业文化特质，而包容性和伦理性是其最显著的两大特色。

一、鲁商文化的包容性

包容性是鲁商文化的一个重要特点，这得益于齐鲁文化兼收并蓄、博采众长的特性。齐鲁大地东面临海，有绵长的海岸线，正是这种靠海的地理环境，造

---

① 参见刘学良:《鲁商的发展与完形》,《传承》(学术理论版)2009年第5期。

就了开放包容的文化心态。齐文化蕴含极强的开放性，能够对外来文化兼收并蓄。齐文化先后容纳了儒、道、法、墨、阴阳、纵横、农、兵、术士、方士等百家之学，正是春秋战国时期百家争鸣与百家融合的主要基地。[①] 宋周密《齐东野语・序》中对此描述道："天下谈客，坐聚于齐。临淄、稷下之徒，车雷鸣，抉云靡，学者翕然以谈相宗。"而儒家文化又蕴含"仁爱""和为贵""四海之内皆兄弟"的思想，这对鲁商文化无疑产生了重要影响。在长期的发展过程中，鲁商文化继承了齐鲁文化特别是儒家文化包容并蓄、博采众长的特性，不仅吸纳融合了晋商文化、徽商文化等其他商帮文化，还吸收了西方文化的先进成果，形成了一个博大精深的文化体系。

一代代的山东商人为鲁商文化的形成和发展付出了辛勤的努力，并在它的熏陶濡染下逐渐养成了宽厚仁爱、尚礼贵和的经商风格。

儒家思想的核心是"仁"。"仁"的基本要求是"亲亲""爱人"，即"仁者爱人"。鲁商提倡的"仁和"管理就是把儒家"仁"的理念运用到了企业管理中。例如民族工业巨子宋棐卿在管理东亚公司中，就把儒家"仁"的思想运用到公司管理过程中，"己所不欲，勿施于人"(《论语・卫灵公》)"己欲立而立人，己欲达而达人"(《论语・雍也》)成为公司的基本精神。在管理实践中，大多数鲁商都能努力贯彻"仁"的精神，关爱体恤员工。

"贵和"不仅是鲁商经营的一个基本理念，也是一种重要的道德要求和准则。鲁商提倡"贵和"不仅是为了获得好的经营成效，更是把它看作一种伦理信念。在他们看来，"和"是一种正道。因此，"和"的精神贯穿在鲁商处理各方面的关系和事情中。作为一种商业伦理，鲁商的"贵和"原则主要表现在三个方面：首先是一种对待顾客的和气态度；其次是处理经营中各方关系的协调原则；再次是在竞争中提倡一种合作精神。

清代山东黄县商人在沈阳做生意时，深受当地百姓欢迎，他们遵循的一个重要原则就是对顾客热情、和气，服务态度好。沈阳当地人认为："'黄县帮

---

① 参见蔡德贵：《论齐鲁文化的特点及其诚信传统》，《齐鲁学刊》2006年第5期。

儿'……个个谦和面善、能说会道，不吃饭也能送你二里地。"[①]因而当地流行"黄县嘴子，莱阳腿子"的说法。后来沈阳的其他商家也借鉴了山东商人"和气生财""和气儒道"的商业观念，对顾客不分贵贱，一律都"来必迎、去必送"，让顾客乘兴而来、满意而归。

"贵和尚礼"是中国传统商人，尤其是鲁商所信守的基本处事原则和职业道德，这不同于西方的商业精神。当然西方人也注重提倡"顾客是上帝"、优质服务，礼待顾客等，但这只是一种经营手段。因为西方提倡的这种理念是有条件的，只有你成为"我"赚钱的对象，才是我的"上帝"。即"进门是上帝，出门是路人"[②]。鲁商的"贵和尚礼"尽管也有功利性的目的，但同时也是一种发自内心的道德情感和行为准则。因此，"买卖不成仁义在"，生意成与不成，和气仍然要讲，这是对顾客的尊重，也是自身修养。

鲁商还提倡对人宽厚，哪怕是自己的仇人。这是受儒家"仁爱""以德报怨"思想影响的结果。如清嘉庆所修《山东盐法志·人物》记载，济南历城商人韩永禄少年时期曾和李三和合伙营销官盐，后来分手。李三和死后，"遗费县票地，公私逋负甚移"，他的儿子因年幼无法处理家事，处境非常窘迫。韩永禄得知这一情况后，便"租行之，代完其项，并恤其家"。但李家的女婿唆使李家要求增加租金，接着又到盐使那儿控告韩永禄。盐使见李家无力经营，便打算把李家经营的费县票盐地交给永禄经营，永禄当场予以回绝。盐使便问他原由。韩永禄回答道："万金之产商非不欲，第少尝与李共事。虽宪恩从国课起见，其如难见李于地下。何向之租行，特代李守业耳。"盐使听后感叹道："义哉！"后来李家因欠课太多，被革除了费县的票盐经营权。韩永禄不计前嫌，"复为完欠"，并为李家置办了田产。

正是鲁商这种包容宽厚、仁和的心胸，使他们能够处理好各种关系，能应对各种不同的外部环境，创造出一个又一个的商业奇迹。

---

① 庞见波：《闯关东与胶东之变》，《烟台日报》2008年8月30日。

② 冯世鑫：《古今名商致富术》，浙江古籍出版社1996年版，第56页。

二、鲁商文化的伦理性

在鲁商的经营活动中，伦理无处不在，并起着非常重要的作用。山东商人信守诺言，讲求诚信，把商道看作人道，人脉看作钱脉。他们善于预测市场供求，懂得取予合时，实行公平交易，薄利广销，结果往往会比那些奸商贪贾获利更多。山东商人在经商致富后，通常会把大量的钱财用在孝敬父母、照顾兄弟、关照族人、急公好义、济世利民、投资社会公益等方面。① 但是他们在履行以上义务及社会公益时，并不是同等用力，而是有一个以父母、兄弟为主，然后兼济他人的先后顺序，这正体现了儒家伦理中蕴含的“内外有别，长幼有序”观念。鲁商在经营活动中行伦理道德，使他们的生财之道折射出强烈的道德之光，从而鲁商的经营活动能够不断得到持续和发展。山东商人向来就有“诚贾”“良贾”的称谓。

1. 恪守“孝悌”之道

所谓“孝”，就是对待父母要孝顺；而“悌”则是敬爱兄弟。孔子曰：“孝悌也者，其为仁之本与。”(《论语·学而》)在中国传统社会中，孝敬父母、关爱兄弟是伦理道德体系的核心内容，向来为儒家所倡导。而山东作为孔孟之乡，儒家伦理对山东的影响要比其他地域要重。鲁商虽然身处商场，天天与“利”字为伍，但他们并没有丢掉做人的根本，时时恪守孝悌之道。

鲁商的“孝”主要体现在两个方面。

其一，当家境困难，父母衣食有虑之时，很多原本没有经商经验的人转而经商，希望通过经商迅速获得财富以赡养父母。从孝的角度出发，因为父母之命或者赡养父母才经商的鲁商不在少数。据清宣统《聊城县志·人物志·豁行》记载，朱汝贤小时随兄读书，后由于家境贫寒，且“父母春秋高，粗粝不能下，乃甘心废读就贾”。朱汝贤非常聪慧，读书也很用功，如果坚持下去的话，在仕途上当会有所成就。但考虑到父母年事已高，吃不得粗茶淡饭，便毅然废学就贾，其孝心实在可嘉。德州萧惟乾年已五十，与老父亲相依为命，因家贫无以养父，

---

① 参见刘学良：《鲁商文化的构成和完形》，《传承》(学术理论版)2009年第10期。

就开始经商挣钱。他对父亲不仅保证了衣食无忧，且对其责骂从不顶嘴。有一次，父亲因一点小过错而鞭打他。他不但不怪父亲，还说："吾行年五十，而吾父强健尚挞之痛，此人生之大幸也，吾喜极而悲，非极而悲也。"[（光绪）《德州乡土志·耆旧录》]足以看到他对父的拳拳孝心。

其二，尽管是为了更好的赡养父母而经商，但外出奔走时，又放心不下家中的父母。如贾君荣因家贫"乃服贾近县，谋养其亲"。为了能够随时回家照顾父母，他从不敢到远处去经商，且"数月必归省"。（道光《重修平度州志·贾君荣传》）商人张孝先在通州经商，一天傍晚，天气突然变冷。想到父亲衣衫单薄，家中又没有棉衣御寒，他彻夜不能入眠。次日早晨，他便"货其车买羊裘，忍饥兼程送归"。（民国《新城县志·人物志》）为了不让父亲受冻，他把拉货的车子卖掉，给父亲购买了羊皮袄，又忍饥挨饿，日夜兼程，及时将袄送回家中。

山东商人不仅对父母尽孝，而且还坚守"悌"道，对兄弟也非常关心，无论在生活上还是家庭等方面，都尽到了手足之谊。清咸丰《武定府志·人物·义行》载，商河县俎克节因家贫而经商养亲。他对兄长非常恭敬，"兄食后食，兄衣而后衣，朝夕无少怠"。又清乾隆《淄川县志·重续孝友》载，淄川人王芳桂，其兄芳椿鳏而无子，且脾气暴躁，常常呵责于他。而芳桂对兄长却"愈加笃敬"，"奉事惟谨，十八年如一日"。潍县商人丁大训，兄弟三人各自谋生。但两位哥哥不善经营，生意常常赔本，大训便经常为他们垫补亏空。几年后，大训生意越做越大，就把全部盈利与两兄均分。两位兄长去世后，其儿子各所分的财产也相继耗尽，然而大训的家产已有巨万。于是大训"复呼两兄子至前，三分家资，而各付其一"（光绪《潍县乡土志·乡贤》）。乡邻们对他的义行非常赞赏，把他比作后汉时期孝悌的楷模"薛包"。

2. 重视宗族利益

山东人受儒家思想影响，宗族意识强，在鲁商中表现得更为明显。山东商人在经商致富后，常常会关心本宗族的其他成员，给他们衣食上的帮助，给钱娶妻葬父，给予田产以及建立宗祠、编修族谱等，以保持家族的和谐、团结。

据清乾隆《济宁直隶州志·人物五》记载，清代济宁商人许树德，因家贫而弃学从商。致富后，他把自己的财产与族人共享。当时，济宁许氏举族居于城

西十四里，由于明代末年赋役繁杂而且征收不均，许氏家族负役繁重，不胜其扰。于是，许树德把赋税均分于南九中五里，减少了族人的负担，族人皆感激不尽，但树德不言其功。不仅如此，树德为了联宗谊，树家风，还出资建立家祠，“立家会以联宗友，岁时祭扫之余以供徭役”。又，清光绪《栖霞县志·艺文志下》记载，栖霞人王永盛，因贫离家去北京经商。经营致富后，他开始赡亲恤族。他的堂侄王培公家贫无依，永盛便“与之田二十亩，兼为授室”，不仅给培公田地，而且还为他娶了妻室。永盛的妻族娄氏为度荒年而典当了家中田产，他知道后便“出资代为赎田四十亩”。永盛本来还打算建立宗祠、置立祭田，但在他有生之年，并未实现。临终时他抓着孙子芳林的手说：“家庙祭田，余有志而未逮也，汝其留意焉。”后来，芳林建立了祠堂，设立了祭田，实现了他的遗愿。[①]

受传统儒家思想的影响，古代社会多认为唯有读书才是仕进的唯一正途。在山东流传着“三辈子不读书，等于一窝猪”这样的俗语。在山东人看来，读书才可以光宗耀祖，显亲扬名，这正是为何山东人不惜重资培养子弟读书的缘故，鲁商的“好儒”也是这一心理的体现。除了供养自家子弟读书，齐鲁商人对宗族教育的大力投入，也集中体现了他们对家族利益的重视。如清嘉庆《长山县志·人物志》记载，长山人孟长智因为家中人口多，单靠父亲无法维持生计，便弃儒从商。富裕后，“延名师课子弟，一门之内芹藻联芳”。孟长智少年时由于家贫放弃了读书，但是在他心目中，读书考科举才是正途。经商致富后开始四处请名师，教育本家子弟，其子侄们不负众望，科场得志者不断，“芹藻联芳”。再如民国《济宁县志·故事略》记载，济宁有潘氏，为清代至民国时之大族，原本以工商起家，但潘氏家族却鄙视商人。为教育子弟，还专门建立潘氏学堂，鼓励子弟不可只做一个商人，还要求取功名，《潘氏学堂告诫学生约》中提道：“我族昌盛时期，七缝掖三来相，待其后始不免出于商，特商人利而忘义，类多只顾目前。”可见，在当时的山东有一部分人虽为商贾却轻视商人。对于绝大多数齐鲁宗族来说，教育是亢宗之本，是宗族有效延续的必备手段，只有最大限度保证族户子弟读书进取，才能长久保持家族荣誉和家族秩序。

---

① 参见胡广洲：《明清山东商贾精神研究》，山东大学博士学位论文，2007年。

3. 济世利民、急公好义

中国最早的儒商传奇故事"端木生涯""陶朱事业"和"白圭仁术"可体现鲁商济世利民的理想。端木指的是卫国商人子贡，由于仰慕孔子的"仁学"而追随孔子，他"不受命于官，而自以其财市贱豁贵"，"家累于金"，用自家财来帮孔子推行"仁学"，来恢复"尧舜周公之道"。① 陶朱公指范蠡，众所周知，他先用"计然之策"帮越王勾践治理国家，让越王能修之十年而使国富，最终成就霸业，成为春秋五霸之一。他帮越灭吴后隐退经商，"十九年之中三致千金，再分散与贫交疏昆弟。此所谓富好行其德者也"(《史记·货殖列传》)。白圭(曾在齐国为官)被奉为商业之祖，他提倡贾法廉平，薄利多销，关心生产，调剂余缺，把经商看作利国利民的"仁术"。

子贡、范蠡等人所开创的这种济世利民的商业精神符合儒家倡导的修齐治平的人生理想，被历代山东商人所提倡，继而发扬光大。山东商人在面对自然灾害、社会动乱时，会毫不犹豫地冲锋陷阵，具有强烈的社会责任感；在别人临难之际，山东商人会真诚地伸出援助之手；在面临义与利的选择时，山东商人会毅然选择道义；在面临地方公益性事业时，山东商人会积极倡导并毫不吝惜地出资援助。②

明清时期，山东地区水灾旱灾频繁，百姓灾难重重。乾隆年间所修《黄县志·杂志》对此有所记载，山东黄县有商人王旭的故事为百姓颂扬。依据县志载，王旭"具陶公之才，擅石崇之富，金银粟米之多，登、莱、青无出其右者"。由于当时山东半岛的登、莱、青三州连年发生水旱自然灾害，该地区百姓困苦、饥民遍野。王旭见此状，心中难平，于是"出粟振饥于普安寺、黄山馆、真一馆三处，设灶放饭。邑东南赵家庄放米，每口日给米半斤。自冬至月初一日至四月初一日止"。王旭赈灾之举使得黄县、栖霞、蓬莱、登州四县灾民平安渡过灾情。等到春天野菜丛生，百姓们又采集野菜维持春季的生活。当地百姓流传下一首民谣："天公活一半，王公活一半。"

---

① 张大红：《儒商伦理与现代中国企业家精神》，湖南师范大学博士学位论文，2003 年。

② 参见胡广洲：《明清山东商贾精神》，山东大学博士学位论文，2007 年。

山东商人也富有同情心，当别人遇到危难时会毫不犹豫伸出援助之手，甚至倾囊相助。鱼台商人金魁家中并不富裕，但他却勇于为义。一次他到徐州贸易，住宿旅店中。晚上忽听有人在隔壁哭泣，金魁便起床打听消息。得知有人欲卖妻葬亲，夫妻面临分离而痛哭的情况后。金魁非常同情他们的遭遇，便"罄囊以赠，全其夫妇焉"（乾隆《济宁直隶州志·人物五》）。莱芜县李进玮以养山蚕出售为业，富甲一乡。"每岁将终，多蓄米面干货之属，计乡里之难度岁者，量口多寡以为多少，给之必周。"另外，他急人之难的事情还有许多，"凡施财为人嫁女娶妻，死无以葬为人市棺木者指不胜屈"（民国《莱芜县志·人物志》）。

还有一些商人对公益性事业非常重视，他们致富后往往投资兴建城池、架设桥梁、修补道路，或者通过投资兴办义学、筹资兴办书院等方式，为当地教育事业的发展做出了重要贡献。如潍县人陈尚志经商致富后，不惜用自家钱财兴建城墙、学宫、文昌祠等，受到了赖光表、郑板桥两任县令的器重。而郑板桥在《潍县永禁烟行经纪碑文》中记述："乾隆十四年三月，潍县城工修讫。憔楼、炮台、垛齿、睥睨，焕然新整。而土城犹多缺坏，水眼犹多渗漏未填塞者。五六月间，大雨时行，水眼涨溢，土必崩，城必坏，非完策也。予方忧之，诸烟铺闻斯意，以义捐钱二百四十千，以筑土城。城遂完善，无复遗憾。此其为功岂小小哉！……况今有功于一县，为万民保障，为城阙收功……"[①]从郑板桥的记载可以看出，不仅像陈尚志这样的大商人，当时潍县的几乎所有烟行商人都纷纷捐资修建城墙。山东商人对公益性的教育事业也非常重视。济宁商人许树德，不仅兴办义学，为贫穷的乡党子弟创建一个读书的环境，而且还非常重视对人才的重点培养，给那些有才气的乡党子弟优厚的待遇，以保证他们可以全身心地学习，其对教育的重视程度可见一斑。[②]

① 李金新：《郑板桥在潍县》，潍坊市新闻出版局1993年版，第215页。

② 参见涂可国主编：《鲁商文化概论》，山东人民出版社2010年版，第68页。

第四章　齐鲁文化资源的保护和利用

齐鲁文化是中华文化最重要的组成部分之一，至今仍具有其独特的魅力，在海内外影响巨大。作为儒家文化的发祥地，山东利用传统文化资源发展文化产业的条件可谓得天独厚。我们要在传统与现代之间做好文化的嫁接和传承，强化齐鲁文化的产业化开发与利用，让齐鲁文化这一人类文化遗产的历史价值和经济价值延续和发展，增强山东文化软实力和文化竞争力。

第一节　山东省儒家文化资源的保护和利用

当今世界，文化产业的发展已经成为世界潮流，并与高新技术产业并列，被认为是 21 世纪全球两个最有前途的产业。然而在过去很长一段时间，我们一直把文化作为一种事业，没有产业经营的观念，仅仅把文化作为活跃群众文化生活的手段，而不考虑文化投入与产出的关系。尤其没有认识到文化本身在市场过程中所具有的经济价值，更没有把文化当作产业来开发。其实，文化与产业密切相关，产业可借助文化资源发展，文化又可借助产业传播。文化产品不能作为商品，也就不可能发展文化产业。这方面，倒是我们的近邻韩国给我们上了生动的一课。亚洲金融危机之后，曾一度濒临破产的韩国，能在短短几年内走出阴影、重新崛起，在很大程度上是因为韩国人挖掘忠、孝、诚、信、礼、义等儒家精髓，把儒家文化的背景融入到现代生活之中，将文化与信息产业的“两栖

类”产品和他们的电影、电视剧结合在一起，并成功打入了中国及亚洲文化市场，创造了“韩流”奇迹，韩国也迅速跃进世界五大文化生产大国之列。韩国发展文化产业的不少经验值得我们借鉴。

一、儒家文化是山东发展文化产业的重要资源

任何一种文化特别是优秀的民族文化，都具有欣赏价值，同时还有一种市场传播的潜力。儒家文化不能僵死在博物馆里，也不能仅仅局限在静态的保护和院校内的传承。它应该走向市场，在被欣赏、被接受的过程中焕发新的生命力，从而又能够吸引较大规模的资金和人才投入到对它的发掘、整理和发展上。从这个意义上说，发展文化产业是弘扬以儒家文化为代表的中国传统文化的一个有效途径。

然而，在目前我国的儒学研究领域里，大多数学者主要致力于对儒家文化的学术化研究，最多开展一些儒家文化的普及化工作，而儒家文化的产业化问题还没有引起学者们的足够重视和深入研究。在新的形势和视野中，认真思考儒家文化产业化这一新的文化现象，探讨儒家文化与文化产业的关系是十分必要的。乔羽先生曾语重心长地说：“文化资源变成一种文化产业，这是一个新课题。以前大家都认为文化怎么能成为产业呢？现在看，如果不能把文化产业化，文化就没法得到长足发展。”①在文化产业化已成为当今世界文化发展的一个新景观时，儒家文化的产业化发展是不可避免的。

儒家文化在中华民族的文明发展中曾担负了代表民族文化主体的责任，是民族之根，国家之魂。在历史的长河中，它深深地影响着人们的思想意识、生活习俗，并渗透到建筑、艺术等领域。时至今日，它仍然潜移默化地影响着我们民族的精神世界，成为我们走向未来不可或缺的文化基因宝库。在文化产业的发展过程中，儒家文化资源无疑是一种重要的资本。博大精深的儒家文化，内容丰富，可分为物态的、理念的和礼仪的三个层面。

第一，物态部分。这是指儒家建筑、服饰、饮食等内容的器物，即技术层面

---

① 房贤刚：《以产业化促文化发展》，《大众日报》2006年6月18日。

的文化传承，它们是儒家文化的载体。历代封建王朝都以尊崇孔子和宣扬儒学作为统治思想的根基。在不断抬高孔子和儒学地位的同时，封孔子的嫡系子孙为衍圣公，并在山东曲阜设衍圣公府，即孔府；与此并存的还有祭祀孔子的孔庙和孔子及孔氏家族的孔林，合称“三孔”。曲阜孔庙建于公元前478年，即孔子死后第二年，庙内祠、殿、楼、阁、坊、坛、碑、刻俱全，金碧辉煌、庄严肃穆，集文庙之大成，实为全国之冠。与曲阜毗连的邹城，是儒家文化又一代表人物孟子的故乡，同样也有“三孟”（孟府、孟庙、孟子林），所不同的是，因孟子有一个天下闻名的母亲，故境内不仅广泛流传孟母教子的故事，还有一片孟母林。孔孟之乡以其厚重雄浑的地上古建筑和丰富珍贵的地下文物享誉世界，一直是中外游人向往的旅游胜地。

第二，理念部分。这是与物态部分相对应的儒家文化的核心，包括儒家哲学、儒家道德、儒家圣贤事迹传说等。几千年来，它们对中华民族的生活方式和思维方式、价值观念和道德观念产生了极大的影响，培育了中华民族尊老敬贤、重信守义、中正宽厚的道德品质和自强不息、积极进取的精神风貌。它在一定程度上是中华民族彼此认同的思想文化纽带，有助于人类社会的道德重建，提升民族文明水平。

第三，礼仪部分。这是儒家文化的表现形式，包括儒家礼仪、儒家传统节日等，是在儒家文化影响下形成的各种官方和民间的礼仪以及风俗习惯，诸如历代王朝的主要典礼、民间的婚丧礼仪及家族成员和朋友之间交往的许多礼仪，都打上了儒家文化的烙印。我国民间的风俗习惯，虽然有不少是道教文化、佛教文化甚至是基督教、伊斯兰教文化影响下形成的，但更多的则与儒家文化有关，如祭祀节日、纪念节日、农事节日等大都是儒家“神道设教”、敬长爱幼和孝悌思想的产物。即使在现代社会中，这些对人们也有很强的吸引力，具有一定的经济开发价值，也越来越成为文化、经贸、官方、民间往来的重要桥梁和契机。

儒家文化作为山东文化产业发展的重要资源主要体现在以下几个方面：

一是旅游资源。儒家文化特别是其物态文化是中华民族文化的重要象征和主体，能够成为人们旅游的重要资源，像各地孔庙文庙、乡校、书院、儒家圣贤故居、遗迹、碑刻等都成为旅游经济发展的自然人文资源。

二是载体资源。改革开放以来，受儒家文化影响，山东各地利用自身独特的民俗、景观、节庆等为当地的经济贸易、招商引资、经济产品开发搭建良好的平台，有利地带动了当地的经济发展，如曲阜的国际孔子文化节。

三是品牌资源。儒家文化可以增加产品的文化含量，提高产品的知名度，形成良好的品牌效应。随着物质生活水平的提高，人们对文化的消费需求呈现出多样化，也越来越重视产品的文化内涵。许多企业利用儒家文化资源对产品进行文化包装，有力地提升了产品的影响力、辐射力和吸引力，增加了产品的美誉度和知名度。例如，曲阜的孔府家酒一度成为全国白酒销量第一，有人戏称"喝孔府家酒，不是喝酒，而是喝文化"。

四是要素资源。儒家文化作为可以教育人、启发人、塑造人的资源，可以容纳于物质产品之中，成为其中吸引消费者的重要变量，极大地提高产品的附加值。

丰富的儒家文化遗产，既为文化产业提供了取之不尽、用之不竭的精神资源，又为文化产业发展预留了广阔的空间。在日益紧张的现代社会，人们越多的选择回味儒家文化的韵味，以改造、充实和丰富自身的精神生活。到20世纪末，工业文明的弊端日益突出，孔子的"大道归仁""仁者爱人"等深刻而富有亲情的学说，成为西方学者寻求回归博爱的重要依托。1988年，一些诺贝尔奖获得者集会巴黎，他们对孔子学说给予了高度评价和殷切希望："人类要在二十一世纪生存下去，必须要从两千五百年前的孔夫子那里去寻找智慧。"①孔子的名言"己所不欲，勿施于人"也被悬挂在联合国总部大厅里。世界范围内出现了"孔子热"和"儒家文化热"，并且还在不断升温。这说明儒家的一些思想符合当代社会文化的需求，对我们发展文化产业来讲，它是一种不可或缺的有益资源。儒家文化在文化产业的发展过程中能够派生出许多附加值和增长点，是我国经济发展和文化振兴不可忽视的软力量。我们应重视和深入挖掘这些宝贵的文化遗产。

① 李靖、贾万志：《中华文明的浓缩与华夏文化的展现》，《光明日报》2001年3月15日。

二、山东儒家文化资源产业化开发的经验与不足

文化产业发展的过程，实质是文化资源不断转化为文化产品、文化服务的价值实现过程。改革开放以来，随着社会经济的进步，山东省文化事业有了很大的发展，各级政府极为重视对儒家文化的继承与开发，进行大量的投入，取得了丰硕成果，为进一步挖掘儒家文化资源、发展文化产业提供了良好的基础。

首先，旅游业是经济发展的支柱产业之一。自1979年孔孟之乡重新对外开放以来，其儒家文化资源得到逐步开发，成效显著。曲阜先后修复了“三孔”、颜庙、周公庙、少昊陵、尼山孔庙、孟子故居、洙泗书院等十几处文物景点（区），开发建设了寿丘旅游区、鲁国盛世华夏文化城、孔子六艺城、论语碑苑等景点（区），开办了孔府珍贵文物展、三皇五帝展等展览，举办了6次“孔子诞辰故里游”活动和19次国际孔子文化节。山东邹城近年来也不甘落后，确定了以孟子、孟母文化为主题，以山水风光为依托，深度开发旅游业的战略规划，并投资巨额资金，重点完善了“三孟”儒家文化区、峄山风景名胜区、荒王陵古代陵墓区、四山摩崖刻石艺术区和孟子湖休闲度假区等几大景区。曲阜、邹城的有关部门在开展现有的名胜古迹游的同时，还开发“曲阜民俗游”“孔府美食游”“孟子故里游”等多种旅游产品，既拓展了旅游市场，又宣传了儒家文化。当前，旅游业成为曲阜市的支柱产业。

其次，为了配合旅游业的发展，孔孟之乡也注重发展文化娱乐业。曲阜、邹城等地都规划建设了文化娱乐街区，重点扶持参与性强、文化品位高、有特色的歌舞娱乐项目，引导鼓励民营资本新上一批高档次、高品位的酒店，茶社等休闲娱乐设施，丰富繁荣文化生活。

再次，依托丰厚的文化资源，研制开发了一批具有儒家文化特色的工艺品，如一些具有自主知识产权的文物复制、仿制产品。曲阜、邹城分别对孔府、孟府珍藏的部分青铜器、碑刻、瓷器等进行了开发，孔子像、孟子像、文房四宝、音像书刊等一些旅游商品在孔孟之乡已是随处可见。

最后，在文艺演出业中，挖掘儒家文化中礼乐表演精髓，打造了一批文化演艺品牌。20世纪90年代初，孔子故里曲阜就推出了阙里古乐舞、孔子六艺乐

舞。从 2001 年开始，曲阜市先后投资 3000 多万元编演《杏坛圣梦》，构建了大型演出场所，邀请国内一流编剧、导演、舞美、灯光、音响艺术家，组织 300 余名专业演员，生动演绎了以孔子思想为内涵的儒家文化精华，并借助深圳华侨城的市场运作方式，打造了一台大型的广场式主题旅游乐舞晚会，开创了中国北方大型露天演艺活动先河。济宁地方剧团的古装戏剧《孝子闵子骞》则糅合了史实与民间传说，将舞台上的闵子骞塑造成孝顺长辈、好学成才的儒家士子楷模形象，深受观众喜爱，较好地活跃了戏剧市场，也宣扬了中华民族优秀的道德伦理。从 2005 年起，曲阜又推出了每周六举行的大型旅游活动——明故城开城仪式和祭孔活动。《祭孔乐舞》《云门大卷》《逍韶乐舞》《鲁国古乐》等古乐舞表演团队，常年活跃在国内文化市场上，并到日本、韩国及东南亚地区访问演出，取得了良好经济效益和社会效益。

但应该看到，目前我国对儒家文化资源的开发和利用，过多地关注在旅游资源方面，思考如何利用当地一些旅游资源来做文章，来“产业”一把，而对儒家文化资源的产业要素则发掘不够，资源占有意识和创新开发意识还显得相对薄弱。特别是对儒家文化资源的开发，还基本局限于表层，形式单一，缺乏产业观念和意识。我们看到，文化经常是被作为经济活动的陪衬，正如人们常说的“文化搭台，经济唱戏”一样，儒家文化资源的开发也不过是借助节庆会展、文艺表演等来展示、吸引商界人士，甚至只是制造一种氛围。即使像孔子文化节这样的盛会也一度只是赔钱赚吆喝而已。人们似乎还没有意识到儒家文化本身就蕴含着巨大的商机，就是一种无形的财富，这就好像端着金饭碗要饭吃。有的即便是进入产业化程序，也由于经营管理水平不高，没有深度开发市场的需求，儒家文化资源的商品转化率也不高。文化产业不等于文化遗产，也不是停留在感受层面的文化艺术，而是通过产业化进程实现的国民经济的重要组成部分。只有重视研究，加大投入，并深入挖掘、充分利用儒家文化资源，才能更快地变文化产业弱势为强势。

三、进一步强化儒家文化资源的产业化开发与利用

当前我们正处在一个文化创新风起云涌的时代，如何打好孔子及儒家文化这张“牌”，实现文化资源大省向文化产业强省的跨越，已成为当前山东文化产

业发展面临的一个重大课题。

第一，要坚持科学发展观，挖掘儒家文化的丰富内涵和积极因素。在开发儒家文化资源和发展文化产业时，我们要大力弘扬先进文化，支持健康有益文化，努力改造落后文化，坚决抵制腐朽文化。儒家文化中确有不少糟粕，如封建的等级观念等，需要我们科学对待。但儒家文化中还包含着很多对社会有益的因素，对维护祖国的统一、民族的团结、社会的安定，促进国家间的交往以及对促进社会主义和谐社会建设都具有积极的意义。以往对儒家文化资源的开发，大多注重物态文化方面（如曲阜利用“三孔”发展旅游经济），而忽视儒家思想文化的现代价值，其精神资源没有得到很好地开发。因此，在开发儒家文化资源时，要进一步挖掘其有利于社会进步、有利于当代道德建设的内容。

第二，要坚持社会效益和经济效益的统一。如果只讲社会效益，不讲经济效益，文化产业的发展不可能持久；如果只讲经济效益，不讲社会效益，就会背离先进文化的前进方向，文化产业自身也要受到损害。文化产品和服务既有一般服务业的产业属性，又有意识形态的特殊性；既可以产生经济效益，又具有社会效益。开发儒家文化资源和发展文化产业，在任何时候都要把社会效益摆在第一位，反对将儒家文化一味商业化、低俗化的倾向，努力寻找两个效益的最佳结合点。坚持两个效益的结合，就是在保证社会效益的前提下，注重经济效益；两个效益的统一，要统一在文化产品和服务的质量中；两个效益的实现，要实现在文化市场上，检验的标准是广大消费者接受不接受、欢迎不欢迎、喜欢不喜欢。在面对儒家文化资源开发问题时，我们一定要清醒地认识到，并不是所有的资源都可以被开发为文化产品或文化服务。如果不作科学分析，盲目开发一些难以转化为经济价值的文化资源，其结果往往是得不偿失的。这样不但造成了人力、物力、财力的浪费，而且会在很大程度上对文化资源造成破坏，更为严重的是，将大大挫伤人们发展文化产业的积极性。

第三，坚持开发与保护并举的原则，走可持续发展之路。在我国文化产业的发展中，曾普遍存在着文化资源开发的短期行为，从而对文化资源造成不同程度的破坏。如许多文物古迹被改头换面，重新包装，失去了原本的面貌；许多礼仪、风俗习惯被庸俗化、简单化，失去了原有的神韵；在部分地方，一些古迹建

筑在开发的名义下遭到严重破坏，有些甚至是毁灭性的破坏。这是在儒家文化资源开发过程中必须从根本上加以杜绝的。没有保护的掠夺式开发，最终必然会导致资源的枯竭。我们必须把儒家文化资源的开发和文化遗产的保护结合起来，及时修缮各种文物古迹，维护历史名城的文化风范。对文物古迹的修复工作要慎之又慎，要做到"以古复古"，复原出其历史本貌，还要保护好其特有的文化环境，尽量保持原汁原味的儒家文化氛围。

第四，寻求儒家文化与市场新的结合点，提升文化产品的科技含量。要通过产业化手段及合理的商业运作和包装，发掘儒家文化蕴含的巨大经济价值，以提高儒家文化本身的吸引力。传承和发扬儒家文化，不能只是被动地等待机会，而是要积极影响市场，并引导市场建立起向儒家文化靠拢的价值取向，使儒家文化成为大众愿意接受的一种文化样式。过去我们对文化的内涵理解比较褊狭，认为"四书五经"等传统经典才是文化，读书人才是文化人，普通的老百姓和商贾们的生活则被排斥在文化之外。文化变得高高在上，脱离了人们的生活，这在一定程度上造成文化与产业的分离。文化产业发展的最大亮点，就是将以前只为某一个阶层所垄断的文化普及于一般民众，这其中，科学技术在文化产品生产领域的运用表现的越来越重要。尤其是当代文化产业通过电视、光盘和互联网等现代传媒进行传播，更是消除了所谓高雅文化与通俗文化的界限，从整体上提升了大众文化的品位。现在我们还需进一步思考，在经济全球化、文化多元化的形势下，如何适应文化市场的大众化需求，将儒家文化中的符合时代发展的价值观融入大众文化之中，通过现代传媒的有效传播，创造出独具魅力的"孔子文化经济"。

第五，要培养和集聚一批既有丰富儒家文化知识，又掌握文化产业高新技术的复合型高级专门人才。目前我们对儒家文化的开发和利用还远远不够，其中一个重要原因，就是人才的缺乏。文化产业从业人员不仅总量偏少，结构也不合理。例如，目前正在进行的以儒家文化为题材的动漫开发遇到的一个重要问题是，当前儒学研究的专家学者们基本上都不懂得动漫制作，而掌握动漫制作技术的新生代又不精通儒家文化，作为动漫产品消费的主要群体的新生代，对传统文化知识的掌握和认知上更存有很多的不足。因此，我们在人才队伍建设上还有很多的工作要做。山东在开发儒家文化资源发展文化产业时，要充分利用山东大学、曲阜师范大学等高等院校和科研机构的人才、科技、教育等优势，有计划、有步骤地实施儒家文化产业人才培养工程。对现有的文化经营人才进行强化培训，适时开展国际文化交流、儒家文化学习等活动，培养一批高、精、尖的儒家文化产业人才。

第六，要“引进来”，也要“走出去”，开拓国内国际文化市场。经济全球化的趋势，并不意味着人类文化发展也要趋同化、一体化。相反，在日益变“小”的世界里，人类更需要丰富多彩的精神生活和文化取向的自主性。这正是不同民族之间文明协调发展和各种文化相互之间对话、交流、融合的基础。中国文化产业相对于国际市场分量，存在许多不足，与欧美及日韩等国为代表的文化产业比较，则处于世界性强势文化的威胁之下。我们利用儒家文化发展文化产业，要充分利用国外资源和市场，按照“本土项目用外资”的模式，充分利用国外投资、国外技术、国外产业化经验及国际市场。同时，在积极吸纳的基础上，还要积极地“走出去”。我国提出了“中国文化走向世界”这一重大命题，更为山东省文化产业拓展国际市场和文化产业的大发展指明了方向。随着中国经济的持续发展，世界各国也迫切地需要了解中国。所以，我们要以中国优秀传统文化输出为外在方式，树立中国在世界富有亲和力的形象，协助国家外交战略和社会经济发展战略。例如，西方借圣诞节、情人节推行节日经济，为我们送来了圣诞老人、芭比娃娃等。我们的企业也可以研究输出自己的文化产品，推动以儒家文化为代表的齐鲁文化走向世界。这样搞活态保护，为儒家文化创造传衍的条件，并带来经济收益；同时也有利于中国文化与世界其他文化的博弈、对话和交流，并从中受益，共同得到发展，从而也可进一步提升我国文化软实力，增强中华文化的国际影响力。

第二节　山东省宗教文化资源的保护和利用

宗教文化是人类传统文化的一部分，蕴藏着极深的人类智慧。世界许多国家都非常重视宗教文化资源的保护和开发，一些著名的宗教圣地如罗马、梵蒂

冈、麦加、耶路撒冷、伯利恒等都成了国际旅游业发达的地方。齐鲁大地自古就是儒释道三教繁盛之区，基督教和伊斯兰教也曾在此广泛传播，有着丰富的宗教文化资源。当前，研究如何保护、开发和利用宗教文化资源，发展山东文化产业，具有重要的理论意义和实践意义。

一、齐鲁宗教文化资源的特色

山东许多著名的寺院和神祇在海内外有着重要的影响，至今全省各地仍保留着大量珍贵的宗教风景名胜和文物古迹，这是山东文化资源的一大特色。

（一）历史悠久，文化底蕴深厚

齐鲁宗教文化源远流长。作为中国土生土长的宗教，道教是传统的齐鲁宗教文化的产物。道教的神仙说，是齐文化中神仙说的移植与发展。公元前3世纪，齐人邹衍的阴阳五行、大九州思想为齐国、燕国的方术、巫术之士所利用，开炼丹药、海上求仙与长生延年之术的风气。秦始皇、汉武帝的东巡祭海求仙寻药活动，更是推动了数以千计的庞大方士队伍的形成。这些“神仙家的神仙信仰和方术皆为道教所承袭，神仙方术衍化为道教的修炼方术，神仙方士也逐渐衍化为道士”[①]。公元2世纪之后产生于山东琅琊（今山东临沂）的《太平青领书》（即《太平经》）一书对太平道创立者张角有着重大的影响，并成为道教的经典著作。金元时期，陕西咸阳道士王重阳东游海上时，于金大定七年（1167）在昆嵛山讲经庵传经布道，创立了全真道，并收下七个弟子，号称“北七真人”或“全真七子”。其中邱处机曾一度掌管天下道教，使全真道盛极一时。著名学者牟钟鉴曾说：“全真道在道教史上的地位，类似于禅宗在佛教史上的地位和宋明道学在儒学史上的地位。”[②]作为道教发源地的山东，有金华、华山、龙门、隋山、金辉、鹤山、纯阳等门派，宫观遍及全省，而以泰山和崂山地区最为集中。19世纪末到20世纪初，道教逐渐衰落。20世纪80年代以后，山东道教逐渐恢复生机，并于1992年成立了山东道教协会。

---

① 卿希泰：《道教文化在中华传统文化中的地位及其现代价值》，《湖南大学学报》（社会科学版），2006年第4期。

② 牟钟鉴：《全真七子与齐鲁文化·序》，齐鲁书社2005年版，第1页。

佛教于1世纪传入山东，魏晋时期开始广泛传播。351年，西晋著名高僧佛图澄的弟子僧朗，在泰山之阴建精舍，弘佛法，感得高山点头，虎豹垂目。南北朝时期佛教初盛，山东各地相继兴建了富有民族特色的寺庙、佛塔，石窟造像、摩崖刻经盛行。隋唐时期佛教鼎盛，泰山一带成为山东佛教文化中心，灵岩寺被称为当时“海内四大名刹”之一。值得一提的是，灵岩寺在促使饮茶与佛教结合，推动中国茶文化的传播方面发挥了重要的作用。唐人封演的《封氏闻见记·饮茶》载，泰山灵岩寺降魔藏“学禅务于不寐，又不夕食，皆许其饮茶，人自怀挟，到处煮饮，从此相仿效，遂成风俗”。至清末民国时期，山东佛教逐渐衰落。1987年，山东省成立了佛教协会，到此朝山拜佛、参观访问的海内外的佛教团体逐年增多，为繁荣山东省旅游业发挥了积极作用。

伊斯兰教于公元7世纪初诞生于阿拉伯半岛，1265年传入山东。中华人民共和国成立前，山东的伊斯兰教信众有22万人。目前，全省已有穆斯林53万多人(其中回族占98%)。山东穆斯林最显著的特点是适应性强，他们能随时而化、适应时代、适应社会，在困厄中求生存，在艰难中谋发展，在齐鲁大地孔孟文化的浸润下，与汉儒融合，不断地改革与创新，使伊斯兰教逐渐中国化。

19世纪30年代，基督教新教和天主教传入山东，并随着帝国主义对中国的侵略活动而取得快速发展。中华人民共和国成立后，山东基督教和天主教界彻底摆脱了外国势力的控制，走上了独立自主、自办教会的道路。此外，齐鲁特有的儒家文化，已有2500多年历史，海外称之为儒教。虽然儒学是否为儒教是个有争议的问题，但儒学具有明显的宗教特性已被很多人认可。曲阜“三孔”、邹城“三孟”都是无数中外游客心驰神往之地。

(二)资源丰富、品位高，在海内外享有盛誉

山东省道教文化名胜丰富。泰山、崂山、沂山、五峰山、昆嵛山、峄山等道教名山，现仍保存着大量道教文化遗迹。其中“五岳之尊”的泰山是世界文化遗产地。在道教的洞天福地中，泰山有“第二小洞天”——蓬玄洞天，岱庙、碧霞祠、王母池、南天门、岱顶庙等道教建筑在国内外颇具名气，此处供奉着东岳大帝、泰山娘娘、玉皇大帝等众多的道教神仙，其中泰山娘娘是自明清以来我国北方最大的神祇，在民间有广泛的信徒，著名学者顾颉刚先生称她为北方地区的“女

皇”。牟平烟霞洞、文登圣经山月牙石刻和圣水宫、莱州寒同山神仙洞和大基山道士谷、烟台蓬莱阁和毓璜顶、沂山东镇庙碑林以及泰山岱庙等一批具有较高文物价值的道教名胜和古宫观受到重点保护。泰山、崂山道教音乐特色鲜明，已被列入全国非物质文化遗产。位于济南长清的千年古刹灵岩寺，堪称宗教的胜地、文物的宝库和艺术的殿堂，其供奉于千佛殿内的 40 尊泥塑罗汉像，衣饰上的纹样博采中国民间各类样图，涉及花草、神兽、文字、果实、自然物、人工图案等，具有突出的民族性、风俗性和装饰性的特征。作为宋明时期的艺术精品，灵岩寺的佛像有令人叫绝的特殊魅力，被梁启超先生称为“海内第一名塑”。寺内还有保存完好的石造墓塔林，其规模之大，仅次于河南嵩山少林寺。青岛湛山寺规模宏伟，闻名国内外的湛山佛学院曾设在寺内。济南四门塔是我国目前发现的最早的石结构寺塔。据统计，山东现有清真寺共计 430 余个，建筑风格上充分汇融贯通了中国传统装饰手法，以突出伊斯兰艺术特点，著名的有济南南北大寺、济宁东大寺、青州真教寺、苏禄国王墓旁的北营清真寺，这些清真寺都有较高的研究和观赏价值。临清北大寺礼拜殿的壁画为明代作品，是山东清真寺仅存的古壁画珍品。天主教和基督教也有不少风格独特的教堂和遗址，有一定的旅游价值。如青岛的圣弥额尔教堂建于 20 世纪 30 年代，现仍是该市独具特征的高大建筑。济宁代庄天主堂曾是原德国圣言会全国总会所在地，现保存完好，2001 年 3 月被山东省政府定为山东省重点文物保护单位。融中西风格为一体的济南经四路礼拜堂，无论其建筑形式和规模在国内均首屈一指。此外，济南洪家楼天主教堂、青岛国际礼拜堂、烟台礼拜堂等也已成为吸引大量海内外游客的著名景点。

二、山东宗教文化资源的开发、保护现状及存在的问题

齐鲁宗教文化，尤其道教和佛教中，蕴含着异常丰富的文化资源，其历史悠久且影响深远。建构切实可行的保护、开发和利用体系，既要积极借鉴国内外的成功做法，又要认真总结山东文化资源保护、开发与利用等方面的经验教训。

（一）宗教文化资源的开发与保护取得的成效

改革开放以来，山东各地对宗教文化资源的开发取得了初步进展，重点开发了高品级的宗教文化景区（点），并形成了宗教文化旅游的热点地区。如泰山、崂山等以道教文化为主题，开展道教文化资源的研究和开发工作，相继推出多个综合性道教文化游览区，新建多处道家文化景点，极大地丰富了景区的道教文化元素。青州市借助宗教文化丰厚，佛教、道教、伊斯兰教、基督教、天主教都有很大区域影响力的特点，大力开发宗教文化资源，吸引资金投向与宗教有关的文化产业项目，打造民族宗教文化名城。

在宗教文化资源的保护方面，党和政府一直高度重视对包括宗教文物在内的文化遗产的保护，一些著名的宗教活动场所，如泰山岱庙、洪家楼天主教堂等相继被列为全国以及省、市、县的重点文物保护单位。佛教音乐（鱼山梵呗）、道教音乐（崂山音乐）、八仙传说等也已列入我国各级非物质文化遗产名目。20世纪80年代以来，政府每年都拨发专项资金用于寺庙的维修、修复和保护，许多濒临消失或年久失修的宗教文物古迹得以保护和修复，重新发挥了作用。另外，随着信徒和游客的不断增多，许多人捐赠钱款，为宗教文物古迹的保护和维修提供了大量的资金。

（二）宗教文化资源的开发与保护中存在的问题

首先，宗教文化资源的保护工作存在漏洞。如某些珍贵宗教文物与建筑物没有得到有效保护和修缮，对很多宗教文化资源所处的周围生态环境保护重视不足，频繁出现旺季游客量超饱和的现象，使宗教文化资源质量受到严重影响。

其次，当前很多地方宗教文化资源的开发层次较低。调查中发现，大多数宗教旅游项目所推出的活动内容都相当单一，除了烧香拜佛、求签算命、销售开光的小纪念品以外，只能提供观光活动，而其中丰富的宗教文化内涵未能挖掘出来。如青州的龙兴寺佛教造像堪称我省高品位的宗教文化资源，具有开拓国际市场的潜力，但它的开发价值还没有得到很好的体现。

最后，宗教场所被“庸俗化”“商业化”。在利益的驱动下，有些地方不经过审批，私自建庙造佛，以拜金主义为导向，不断强化寺庙的经济功能，甚至不采用宗教人士管理，聘一些假和尚、假道士鱼目混珠。这将旅游景点变得庸俗不

堪，严重者引发宗教矛盾甚至冲突。

二、关于进一步保护和合理利用齐鲁宗教文化资源的对策与建议

在宗教文化日益走出圣殿，与世俗文化结合以适应现代社会的今天，如何更好地保护和利用宗教文化资源，以发展文化产业，满足人们日益提高的文化品位，已成为大势所趋。

（一）确立正确的指导思想，在科学保护的基础上合理利用

宗教文化是人类的文化遗产。把宗教文化遗产保护好，不仅是宗教界的责任，更是全社会的责任。应坚持政府主导、宗教界自觉、全社会共同参与，贯彻保护第一，合理开发利用的方针。应整理制定山东省宗教文化遗产的保护名录，制定分级、分类保护的规范和标准，政府部门、宗教界乃至全社会都必须进一步增强保护意识。根据目前山东省宗教文化资源的实际情况，对于大多数宗教文化遗存包括非物质文化遗产应采取以保护为主的原则，根据具体情况有重点、有选择地开发利用。宗教文化资源具有不可替代性，一旦丧失就很难恢复。必须把资源开发和文物古迹的保护结合起来，切实保护好宗教文化遗产。对寺院等宗教文物的修复工作要慎之又慎，要“以古复古”，复原出其历史本貌。还要保护好宗教场所特有的文化环境，尽量保持原汁原味的宗教氛围。宗教属于特殊的文化资源，有关宗教场所政策性强、涉及面广，对相关人员的要求很严格，除了必须具有一般行业人员基本素质之外，还应该具备丰富的宗教文化知识和宗教政策、法律法规知识。

（二）解放思想、协调关系，处理好宗教与旅游的共同发展

首先要消除把宗教与迷信等同的错误观念。有关部门要采取历史唯物主义态度，正确认识宗教，认识文化产业，落实国家有关宗教政策。按照宗教与社会主义社会相适应的要求，积极发挥宗教在文化产业发展中的作用。宗教文化资源的开发会涉及宗教、旅游、文物、林业、建筑、交通等方方面面，应在政府主导下，有效协调好各方关系，同时要避免“重产业，轻宗教”的思想，尊重信教群众的感情，遵守寺院教堂等宗教活动场所的规则，在作出决策时注意听取宗教工作部门及宗教活动场所的意见。把对正常宗教活动的干扰减少到最低程度

是旅游开发所应该严守的原则，也是每一个到宗教活动场所的游客应注意的。此外，还要学习借鉴外地一些合理利用宗教文化资源的先进经验。

（三）要坚持科学的原则，挖掘宗教文化的丰富内涵

宗教文化是一种特殊的资源，对其利用要采取慎重的态度。必须在贯彻我国宗教政策的前提下发展相关旅游产业，绝不允许只注重经济效益，不注重社会效益，要坚决遏制当前佛教、道教商业化趋势。宗教教义中包含有某些对社会有益的因素，特别是在当今中国，宗教对维护祖国的统一、社会的安定、民族的团结，促进国际间的交往，推进改革开放和现代化建设都具有特别重要的意义。对于宗教中的糟粕，要坚决抵制。对于宗教文化资源的开发和利用，一些地方大多注重物化和仪式两个方面，忽视宗教理念。而宗教文化中的道德内容是宗教劝善惩恶的社会功能的表现，在一定程度上可以起到让人类安定团结的作用。宗教劝善戒恶的教义对缓解人与人的关系的危机很有启示。因此，在开发齐鲁宗教文化资源时，要进一步挖掘其有利于社会进步、有利于社会主义道德建设的内容，在开发宗教文化旅游产品中适度增加有益的理念，举办有关宗教学说的讲座，以提升游客的精神修养，加深人们对宗教的认识，满足旅游者修学考察的需要。

宗教文化作为人类传统文化的重要组成部分，已日益显现出潜在的社会价值和经济价值。利用业已存在的宗教及其文化资源搞深度开发，发展文化产业，是宗教及其文化对人类做出的贡献。这不仅解决了宗教的自养问题，还带动和促进了旅游经济的发展，是实践“宗教与社会主义社会相适应”的一种有益尝试。

第三节　山东省非物质文化遗产的保护与传承

山东是文化资源大省，不仅拥有大量以物质形态为主的有形文化遗产，还有大量以非物质形态存在的非物质文化遗产，这是山东灿烂历史文化的生动体现和延续，是建设经济文化强省的宝贵资源和无价财富。推进山东省非物质文化遗产保护的实践创新，对于推进山东文化强省建设、提高山东文化软实力具

有重要意义，也能为中华优秀传统文化的保护传承和人类文明的可持续发展做出积极的贡献。

一、非物质文化遗产保护及其时代意义

文化遗产包括物质文化遗产和非物质文化遗产。物质文化遗产是具有历史、艺术和科学价值的文物，包括古遗址、古墓葬、古建筑、石窟寺、石刻、壁画、近现代重要史迹及代表性建筑等不可移动文物，历史上各时代的重要实物、艺术品、文献、手稿、图书资料等可移动文物；还有在建筑式样、分布均匀或与环境景色结合方面具有突出普遍价值的历史文化名城（街区、村镇）。而非物质文化遗产是指各种以非物质形态存在的与群众生活密切相关、世代相承的传统文化表现形式，包括口头传统、传统表演艺术、民俗活动和礼仪与节庆、有关自然界和宇宙的民间传统知识和实践、传统手工艺技能等以及与上述传统文化表现形式相关的文化空间。①

"非物质文化遗产"概念的提出和形成有其历史原因，有着不断发展的过程。也可以说，它的提出和形成是保护非物质文化遗产及时代发展的需要。世界各国的专家、学者对非物质文化遗产的称谓一直存在差异。在国内外，"非物质文化遗产"都是一个新的名词、新的概念。法语的表述是："Patrimoine Culturel Immateriel"，直译为汉语就是"非物质文化遗产"。而英文"Intangible Cultural Heritace"的直译则不一定译为"非物质文化遗产"，有的专家主张译为"无形文化遗产"。在日本和韩国称为"无形文化财"或"无形文化遗产"。日本于1950年颁布了《文化财保护法》，该法包括五个方面的内容，其中"无形文化财"和"民俗文化财"属非物质文化遗产范围。日本是以法律形式对无形文化遗产实行保护措施和提出无形文化遗产概念最早的国家。在我国的文化实践中，"民族民间文化"是长期以来使用的一个约定俗成的概念，有着特定的含义和专指范围。2003年10月，在联合国教科文组织第32届大会上通过《保护非物质

---

① 参见《国务院关于加强文化遗产保护的通知》（国发[2005]42号），2005年12月22日，http://www.gov.cn./gongbao/content/2006/content_185117.htm.

文化遗产公约》,从国际准则的角度明确了非物质文化遗产的概念。[①] 在《保护非物质文化遗产公约》中,“非物质文化遗产”这一概念是指被各社区、群体,有时是个人,视为其文化遗产组成部分的各种社会实践、观念表述、表现形式、知识、技能以及相关的工具、实物、手工艺品和文化场所。这种非物质文化遗产世代相传,在各社区和群体适应周围环境以及与自然和历史的互动中,被不断地再创造,为这些社区和群体提供认同感和持续感,从而增强对文化多样性和人类创造力的尊重。在公约中,只考虑符合现有的国际人权文件,各社区、群体和个人之间相互尊重的需要和顺应可持续发展的非物质文化遗产,“非物质文化遗产”包含口头传统和表现形式,包括作为非物质文化遗产媒介的语言、表演艺术、社会实践、仪式、节庆活动,有关自然界和宇宙的知识和实践、传统手工艺等。非物质文化遗产中的“保护”指确保非物质文化遗产生命力的各种措施,包括这种遗产各个方面的确认、立档、研究、保存、保护、宣传、弘扬、传承(特别是通过正规和非正规教育)和振兴。[②]

随着联合国教科文组织2003年《保护非物质文化遗产公约》的通过以及我国的加入,“非物质文化遗产”一词的正式译名得到确定,并逐渐被我国学术界以及社会各界认可和接受。2004年,我国加入联合国教科文组织《保护非物质文化遗产公约》。2005年,国务院办公厅下发《关于加强我国非物质文化遗产保护工作的意见》,这充分表明了党和政府对保护中华民族非物质文化遗产的高度重视。国务院还下发了《关于加强文化遗产保护的通知》,明确了非物质文化遗产保护的方针和政策。其内容主要包括:从2006年起,每年六月的第二个星期六为我国的“文化遗产日”;到2010年,初步建立了比较完备的文化遗产保护制度,文化遗产保护状况得到明显改善;到2015年,基本形成较为完善的文化遗产保护体系。

非物质文化遗产是各族人民世代相承、与群众生活密切相关的各种传统文

---

① 参见邹启山:《〈保护非物质文化遗产公约〉解读》,2008年7月24日,http://www.chinesefolkore.org.cn/web/index.php? News ID=2038.

② 参见《保护非物质文化遗产公约》,2006年5月17日,http://www.npc.gov.cn/wxzl/wxzl/2006—05/17/content_350157.htm.

化表现形式和文化空间，它与物质文化遗产共同承载着人类社会的文明。山东的这些非物质文化遗产是中国优秀传统文化的重要组成部分，也展现了山东特有的地域特色，有着重要的历史、艺术和科学价值。它蕴含了中华民族特有的精神价值、思维方式、想象力和文化意识，承载着中国的民族文化基因，也体现着齐鲁人民适应自然、乐观生活的智慧与独特的审美情趣。它既是历史发展的见证，又是珍贵的、具有重要价值的文化资源。保护和利用好非物质文化遗产，对于继承和发扬齐鲁文化优秀传统，增强民族自信心和凝聚力，促进社会主义精神文明建设都具有重要而深远的意义。

二、山东省非物质文化遗产的资源状况分析

山东境内有着丰富的非物质文化遗产，数量多，种类全，在全国各省市区中排在前列。经过近年来的努力，已形成了较为完善的国家、省、市、县四级非物质文化遗产名录体系。

(一)资源数量

2006年，国务院批准文化部确定的第一批国家级非物质文化遗产名录10大门类，共518项。其中山东省有27项(共24大项)非物质文化遗产入选，分布于民间文学、民间音乐、传统戏曲、曲艺、杂技与竞技、民间美术、传统手工技艺、民俗8个门类，占全国总数的5.2%。[①]

2008年，国务院批准文化部确定的第二批国家级非物质文化遗产名录共510项，其中山东省有68项(43大项)，第一批国家级非物质文化遗产扩展名录25项(17大项)，共93项(60大项)，包括民间文学、传统音乐、传统舞蹈、传统戏剧、曲艺、传统体育游艺与杂技、传统美术、传统技艺、民俗9个门类，占全国总数的18%。[②]

2011年5月底，国务院公布了第三批国家级非物质文化遗产名录项目共

---

① 参见《第一批国家非物质文化遗产名录》，2006年6月2日，http://www.culturalink.gov.cn/.

② 参见《国务院关于公布第二批国家级非物质文化遗产名录和第一批国家级非物质文化遗产扩展项目名录的通知》，2008年6月14日，http://www.gov.cn./gongbao/content/2008/content_1052937.htm.

191 项，扩展项目 164 项。第三批国家级非物质文化遗产名录包括民间文学、传统音乐、传统舞蹈、传统戏剧、传统体育、游艺与杂技、曲艺、传统美术、传统技艺、传统医药及民俗等项目，加上 2006 年、2008 年公布的两批，目前我国国家级非物质文化遗产名录项目共 1219 项。我省共有 33 个项目入选第三批国家级非物质文化遗产名录，加上第一、二批入选的 120 项，共计 153 个项目入选国家级非物质文化遗产名录，在全国名列前茅。

表 4-1　　第一、二、三、四批国家级非物质文化遗产名录数量表[①]

批次	全国	山东	山东占全国的比率
第一批国家非物质文化遗产名录数量	518	27(24 大项)	5.2%
第二批国家非物质文化遗产名录数量	510	93(60 大项)	18%
第三批国家非物质文化遗产名录数量	191	33(27 大项)	17%
第四批国家非物质文化遗产名录数量	153	20(13 大项)	13%
共计	1372	173	12.6%

2006 年，山东省人民政府公布了第一批非物质文化遗产名录，分 14 大类 157 项，其中民间文学 17 项、民间美术 29 项、民间音乐 14 项、民间舞蹈 21 项、戏曲 23 项、曲艺 10 项、杂技 3 项、传统体育与竞技 4 项、民间手工技艺 18 项、传统中医药 1 项、消费习俗 4 项、民间信仰 2 项、岁时节令 1 项，以及与此相关的文化空间 10 项。山东省各地市及部分县区也相继公布本地市、县区的第一批非物质文化遗产名录。其中济南 9 类 43 项；烟台 8 类 28 项；德州 7 类 29 项；潍坊 12 类 61 项；日照 11 类 46 项；泰安 7 类 19 项；聊城 12 类 71 项；青岛 10 类 27 项；菏泽 9 类 43 项；济宁 10 类 55 项；枣庄 12 类 43 项；临沂 10 类 32 项；滨洲 11 类 63 项；莱芜 5 类 8 项。另外临淄区 15 类 65 项（首个区级非物质文化遗产名录公布单位）；青岛崂山区 9 类 12 项（第二个区级非物质文化遗产名录公布单位）。

2009 年，山东省政府批准省文化厅确定的第二批省级非物质文化遗产名

① 参见《我省 33 个项目入选第三批国家级非遗名录项目》，2008 年 6 月 14 日，http://www.sdwht.gov.cn/html/2011/gzdt_09131847.html.

录共10类，150项，包括民间文学24项、传统音乐12项、传统舞蹈19项、传统戏曲2项、曲艺7项、传统体育与竞技19项、传统美术9项、传统技艺41项、传统医药7项、民俗10项。与第一批省级名录相比，第二批名录中传统技艺成为突出重点，共有41项，占总数的27%以上。山东省各地市，及部分县区也相继公布本地市、县区的第二批非物质文化遗产名录，如济南10类49项，泰安11类24项等。

2011年，有些地市已经公布了第三批非物质文化遗产名录，如德州市政府批准市文广新局确定的第三批市级非物质文化遗产代表性项目名录，共计10项，其中包括民间音乐、戏曲、传统体育及游艺与竞技、手工技艺、民间文学、民俗等六大类。入围的项目包括古琴艺术、京剧、河北梆子、吴钟八极拳、益和成糕点的制作技艺、金信布袋鸡的制作技艺、管辂的传说、王母殿的传说、恩城鸽子会、宁津斗蟋。

2014年，山东省政府批准并公布了第四批省级非物质文化遗产代表性项目名录，分10类，共计58项，包括民间文学7项，传统音乐2项，传统舞蹈6项，传统戏曲4项，曲艺3项，传统体育、游艺和杂技9项，传统美术7项，传统技艺16项，民俗4项。这充分显示了山东省作为非物质文化遗产资源大省的深厚底蕴，是几千年来齐鲁人民聪明才智的结晶。

（二）现状分析

山东丰富的文化底蕴是形成非物质文化遗产的重要基础。目前，已公布进入非物质文化遗产名录的数目，相对于山东省数千年来积淀、涵养的博大精深、源远流长的非物质文化遗产宝库而言，这仅仅是其中具有代表性的少部分。深厚的历史文化底蕴，造就了山东的非物质文化遗产在数量上的优势。

1.儒家文化

儒家文化在中华民族的文明发展中曾担负了代表民族文化主体的责任，是民族之根、国家之魂。在历史的长河中，它深深地影响着人们的思想意识、生活习俗，并渗透到建筑、艺术等领域。时至今日，它仍然潜移默化地影响着我们民族的精神世界，成为我们走向未来的不可或缺的文化基因宝库。山东作为孔孟之乡，是儒家文化的发源地。孔子为儒学学派的创始人，被后世尊为至圣先师、万世师表。祭孔大典是专门用以祭祀孔子的大型庙堂祭祀乐舞活动，已成为当前孔子文化节中最具特色和文化品位的重头戏。2006年，孔子文化节、祭孔大典列入国家首批非物质文化遗产。祭孔大典的神奇魅力，充分表现在乐、歌、舞、礼四种艺术形式上。其乐、歌、舞都是紧紧围绕“礼”而进行的，所有礼仪要求“必丰、必洁、必诚、必敬”。用艺术的形式集中表现了儒家思想文化中的精华篇章，体现了艺术形式与政治内容的高度统一，形象地阐释了孔子学说中的“礼”的涵义，表达了“仁者爱人”“以礼立人”的思想，具有较强的思想亲和力、精神凝聚力和艺术感染力。这对于弘扬优秀传统文化，营造和乐氛围，构建和谐社会，凝聚民族精神具有不可替代的社会价值。① 儒家学说倡导血亲人伦、现世事功、修身存养、道德理性，宣扬“孝、悌、忠、信、礼、义、廉、耻”等，从而形成了与仁爱、孝道、礼让等思想相关的故事、传说、小说、歌谣、绘画、雕塑等诸多非物质文化遗产。

2. 运河文化

山东不仅是儒家文化的发源地，还孕育了运河文化。大运河是中国历史文化的物化载体，是典型的“线形文化遗产”，是文化遗产的特殊类型。运河文化包涵了在漫长历史岁月中形成的内河型的历史生活特征，记录了隋唐以来千年历史时期的文明特点和社会区域的多样性。丰富的文物古迹完整地保存了具有内河特色的文化，甚至干涸淤塞的运河主干河道也显示出古代水利工程技术的创造发明。无论是不同海拔借水行舟的过船闸口设施，还是截江横渡超前施工的水陆枢纽，都证明了古代工匠的科学方法和聪明才智，包含了历史、科学、艺术和经济价值，完全具备了文物的特质与内容。大运河具有文物和非物质文化遗产双重属性，它体现了保护自然、重视生态、延续历史、传承文明、造福当代、惠及后世的精神。联合国教科文组织《保护世界文化和自然遗产公约》最新版《行动指南》把大运河文化特点归结为：“它代表了人类的迁徙和流动，代表了多维度的商品、思想、知识和价值的互惠和持续不断的交流，并代表了因此产生的文化在时间和空间上的交流与相互滋养。”②

---

① 《济宁市首批获国家级非物质文化遗产名录公布》，2009年11月27日，http://news.artxun.com/huihua_1531_7650222.shtml.

② 顾风等：《中国大运河与欧美运河遗产的比较研究》，《中国名城》2008年第2期。

3. 齐鲁文化

山东是齐鲁文化的发祥地，齐鲁文化在中国传统文化中占据着十分重要的历史地位。齐文化和鲁文化本为两种不同特色的文化，有一个从两支逐渐演化成统一的文化圈的过程。先秦时期的齐、鲁两国在自然环境、人文环境方面有较大差别，当时的齐国和鲁国本身就存在着文化差异，加上分封到齐、鲁两国的姜太公和周公及以后的统治者又采取了不同的发展方略，齐文化和鲁文化一直各具特色。但是随着时代的发展，经历了春秋、战国，在秦汉这样一个特殊的历史条件下，两支不同特色的文化逐渐交流融合，汉代以后鲁文化的影响逐渐增强，这是山东非物质文化遗产的文化背景。例如非物质文化遗产"蹴鞠"，就起源于春秋战国时期的齐国故都临淄。"蹴"即用脚踢，"鞠"是皮制的球。"蹴鞠"就是用脚踢球的意思。蹴鞠有着对抗性特征。汉朝人把蹴鞠视为治国习武之道，不仅在军队中广泛展开，而且在宫廷贵族中普遍流行，其对抗性也是不言自喻的。但是到了后来，尤其是在唐宋时期，蹴鞠这项体育运动慢慢由对抗性转为更具表演观赏性。齐文化尚霸道、重功利，表现在蹴鞠这项体育运动中，冲突和对抗是这项运动的主要形式。而鲁文化信王道，讲求"和"与"中庸"，社会文化心理是重文治而轻武功。随着齐鲁文化的融合，鲁文化对齐文化产生了很大影响，人们推崇谦谦君子的温文尔雅，鄙薄孔武之士的争强好胜，蹴鞠也由对抗性比赛逐步演变为表演性竞技。[①] 齐鲁文化还孕育了孟姜女传说、聊斋俚曲、鲁班传说等非物质文化遗产。

4. 泰山文化

泰山是中国的历史名山。千百年来，人们始终将它作为一种精神的象征和寄托，影响着人们的社会活动。泰山封禅是泰山重要的历史文化特色，历史上多朝皇帝对泰山的顶礼膜拜，使得泰山在中国历史上起到了一种举足轻重的"政治象征"，并逐渐演化成为中国的"国山"。作为泰山神祇的东岳大帝、碧霞元君等，也成为人们崇拜的偶像，泰山庙会就是民间由庆贺东岳大帝和碧霞元

---

① 参见王荣敏:《山东省非物质文化遗产的特点和当代价值分析》,《淄博师专学报》2010 年第 3 期。

君的诞辰而逐渐形成的融宗教文化、商业贸易为一体的综合性活动。泰山庙会滥觞于唐，定制于宋，鼎盛于明清，衰落于民国，再兴于今日。由最初的宗教性祭祀活动，愉悦神灵发展到今天，与集市交易融为一体，成为人们敬祀神灵、交流感情和贸易往来的综合性民俗节庆活动。这一过程完成了泰山崇拜从帝王封禅到民间庙会的转变，构成了独具特色的宗教文化景观，并且成为泰山周围特有的地方民俗现象。正是这样的文化背景，孕育了泰山封禅、东岳庙会、石敢当等非物质文化遗产。

5. 海洋文化

山东作为海洋大省，海洋文化历史悠久，源远流长。烟台、威海、青岛和日照等地渔业民俗传统较浓厚，其非遗项目主要为渔业和渔民生活有关的活动和技能，如渔民开洋、谢洋节、渔船号子、妈祖祭典、造船术以及海洋传说等非物质文化遗产。胶东沿海渔民祭海民俗有悠久的历史，是中国海洋文化的重要组成部分。千百年来，广大渔民为了祈求平安，预祝丰收，在出海之前都会举行隆重而盛大的仪式，虔诚地向海神、龙王献祭，这就是所谓的谷雨节，即“渔民开洋·谢洋节”。荣成市院夼村的“开洋·谢洋节”是以祭祀龙王为主要内容，已成为一项含有历史、宗教、民俗、艺术等诸多文化因素的传统民间文化活动，是渔民对生产生活的精神要求和信仰追求。2006 年 8 月，院夼渔民“开洋·谢洋节”被山东省政府公布为省级非物质文化遗产保护名录；2008 年 8 月，国务院公布其为国家级非物质文化遗产保护名录。为保护好这一优秀文化遗产，该村投资近 1000 万元，建设了以龙王庙为载体的非遗保护工程。建筑充分反映了胶东地区的民俗历史和民俗文化，对于研究海洋文化、弘扬民族传统文化、彰显现代文明有着十分重要的意义。

6. 宗教文化

山东宗教文化底蕴浓厚，如崂山道教音乐、泰山的道教音乐、胶东全真道音乐等都是著名的宗教音乐艺术；临沂河东区的龙灯扛阁，主要用来祀神、求雨；泰山封禅与祭祀，则表达了对上苍与神最高的敬畏与崇拜；泰山石敢当、桃木核雕这些非物质文化遗产项目都蕴含着保平安、驱邪祟等内容。济南的千佛山庙会是山东省非物质文化遗产，庙会风俗与佛教寺院的宗教活动有着密切的关

系，同时它又是伴随着民间信仰活动而发展、完善和普及起来的。过去济南的庙会有大小数十余处，唯以千佛山庙会规模最大，流传最久。

7. 民俗艺术

山东各地如济南、潍坊等，传统技艺类文化遗产很多。如潍坊杨家埠木版年画是流传于潍坊市杨家埠的一种民间版画，它兴于明初，盛于清乾嘉年间，迄今已有600多年的历史，是与天津杨柳青、苏州桃花坞齐名的“三大民间年画”之一；济南鼓子秧歌是我省北部地区流行最为广泛的一种集体性民间舞蹈形式，最初发源于济南商河县，已有1000多年的历史，主要用于农民欢庆丰收、共度新春的民俗活动。每年的元宵节，是鼓子秧歌演出活动的高潮日。秧歌队伍庞大，人数众多，角色各异，锣鼓齐鸣，热闹非常。此外，济南鲁绣、潍坊风筝、高密扑灰年画、枣庄市柳琴戏、嘉祥县鼓吹乐、胶州秧歌、淄博市五音戏、高密市茂腔、鄄城县商羊舞、菏泽市古筝艺术与面人等非物质文化遗产，数量丰富，种类繁多，类别全面。

总之，山东的民间文学、艺术、宗教、哲学、手工技艺、民俗、礼庆、文化空间等丰富、全面、多元、多彩，具有开发的深厚基础和广阔空间。这些非物质文化遗产是山东历史文化的宝贵财富，对今天山东的文化事业和文化产业的发展具有重要的现实意义，并发挥着巨大的社会效益和经济效益。

三、山东省非物质文化遗产的保护及传承现状

如何在传统与现实、全球化与中国之间找到山东非物质文化遗产保护的恰当地位，更好地保护和进一步发展山东丰富的非物质文化遗产，是非常重要的。近年来，山东省在对非物质文化遗产的保护方面已做了大量的工作，积累了十分宝贵的经验，创造出了非物质文化遗产保护的“山东模式”。

第一，建立了相对健全的保护体制。山东对国家级、省级等重点项目逐一研究，分类施策，针对每个项目制定了总体保护规划和实施方案。山东省文化厅委托省非物质文化遗产保护中心与全省所有省级以上项目保护单位签订了《山东省非物质文化遗产名录保护项目任务书》，对项目单位应完成的保护项目目标任务逐条作出了明确规定。

第二，在非物质文化遗产保护工作中，采取“边普查，边抢救，边保护”的做法。为加强对非物质文化遗产的保护，山东省对非物质文化遗产工作设了四个标准，即非物质文化遗产普查资料等汇编的一套书、非物质文化遗产档案资料室、非物质文化遗产珍贵实物陈列厅、非物质文化遗产资料数据库（简称“四个一”：一书、一室、一厅、一库）。在非遗普查过程中，我省挖掘出濒临灭绝或失传的线索33400余项，渔鼓戏、阴阳板、火狮子等项目重获新生。例如，济南市一批珍贵濒危的、具有杰出价值的非物质文化遗产项目得到了有效地抢救和保护。还有一部分国家级、省级以上的项目代表性传承人得到了政府的专项经费资助，比如商河的鼓秧歌、济南皮影戏、章丘梆子，国家都拨出了专款，对保护项目和代表性传承人进行了资助，使这些项目得到了充分的保护。到2010年7月，全省140个县市区都建立了自己的“四个一”，在此基础上建立的山东省非物质文化遗产资源数据库被国家数据库中心确定为全国试点单位。

第三，注重充实、完善项目资料，不断完善非物质文化遗产保护体系。通过近几年的努力，山东省共新增国家级、省级项目珍贵实物20870余件，图片39560余张，录音、录像近7700多小时。同时，还组织开展了系列基地的评审工作，先后命名7个单位为“山东省非物质文化遗产研究基地”、20个单位为“山东省非物质文化遗产保护示范基地”、9个单位为“山东省非物质文化遗产教育传承基地”，这些基地大多以各级项目为主要研究、保护和传承对象，有力地推动了项目保护工作的开展。[①] 全省各类非物质文化遗产馆和传习所达180多处，国家级非物质文化遗产名录项目达到153个，进入国家级非物质文化遗产名录的项目数量居全国前列；有2个项目被评为国家级非物质文化遗产生产性保护基地，潍水文化生态保护实验区被评为国家级文化生态保护实验区。2010年，在济南成功举办了首届中国非物质文化遗产博览会，并经过积极争取，使山东成为中国非物质文化遗产博览会永久举办地。

第四，大力推进“非遗”项目的传承工作。针对非物质文化遗产后继乏人和非物质文化遗产严重流失，人们在建设现代文明的盲目追求中，随意滥用、过度

---

① 参见《我省非物质文化遗产4.398万项》，《大众日报》2011年11月18日。

开发非物质文化遗产的现象，山东各地的有关部门下大功夫，认定非物质文化遗产项目代表性传承人，建立传承基地及相关研究机构。目前，山东省共有国家级非物质文化遗产项目代表性传承人 50 名，省级非物质文化遗产项目代表性传承人 262 名，市级传承人 812 名，县级传承人 3078 名。对各级传承人，省文化厅采取建立传承基地、提供传习场所、资助生活等方式，积极鼓励各级传承人收徒传艺。目前，全省各级代表性传承人共收徒 7890 名，其中国家级、省级项目代表性传承人收徒 3270 余名。同时，对传承工作有突出贡献的代表性传承人给予表彰奖励，对传承不力的采取相应处罚措施。自 2010 年以来，山东省命名的省级非物质文化遗产项目代表性传承人每年可获得 6000 元传承扶持资金。各地也通过提供传习场所、资助传承设备等方式，加大了对各级传承人的扶持力度。据统计，2006 年以来，山东各地直接投入到传承人保护的经费近 1160 万元，间接投入 5700 余万元。全省共有各类传承基地 127 个、各级研究机构 470 多个。[①] 这些传承人对非物质文化遗产的传承工作执着追求，配合有关部门做好非物质文化遗产历史渊源、传承谱系、传统技艺等的记录、整理和保护、传承工作，积极采取措施，较完整地保存非物质文化遗产有关原始材料、实物。省、市相关部门积极推动这项工作，大力推进"非遗"项目的保护和传承。

当然也应当看到，随着全球化趋势的加强和现代化进程的加快，特别是在当前城市化进程中，文化生态发生了巨大变化，非物质文化遗产受到越来越大的冲击。一些依靠口传心授的文化表现形式正在不断消失，许多传统技艺濒临消亡，大量具有历史、文化、科学和艺术价值的珍贵实物与资料遭到毁弃或流失境外，滥用、过度开发非物质文化遗产的现象时有发生。由于非物质文化遗产不具有实物形态，使其较之有形的文物在识别、保护方面都有一定的难度；同时又由于非物质文化遗产活态传承的特性，也使其在历史变革与时代冲击时比有形文物更加脆弱，比有形文物更容易消逝。因此，进一步加强非物质文化遗产保护，加快非物质文化遗产保护工作队伍建设，通过理论和应用理论的探索及科学研究解决一些在工作实践中遇到的问题，成为山东非物质文化遗产保护工作中的一项重要而紧迫的任务。

---

① 参见《我省非物质文化遗产 4.398 万项》，《大众日报》2011 年 11 月 18 日。

四、对山东省非物质文化遗产的保护与传承提出的几点思考

国务院《关于加强文化遗产保护的通知》制定了非物质文化遗产保护规划，采取各种有效措施，抢救非物质文化遗产，建立非物质文化遗产的名录体系，强调对文化遗产丰富且传统文化生态保持较完整的区域，进行动态的整体性保护。那么，如何进一步加强山东非物质文化遗产的保护工作？又如何在保护非物质文化遗产的基础上对部分非物质文化进行提炼加工、升华，使之成为中华民族文化宝库中的精品呢？

第一，在非物质文化遗产保护与传承工作中，坚持可持续发展的理念，培养全民的保护参与意识。民间性、群众性是非物质文化遗产的主要特征，只有不断提高公众的参与意识，形成全社会主动参与保护的文化自觉性，才是切实做好保护工作的根本。通过立足省情的分析研究，我们进一步认识到，坚持用科学发展观指导非物质文化遗产保护工作，就必须坚持以人为本，在推动改革开放和现代化建设过程中，以高度自觉的精神，珍惜历史文化遗产，延续我们民族的精神文化血脉，守护好人民群众的精神文化家园；必须坚持全面、协调、可持续的发展理念，以统筹兼顾的方法，处理好加快现代化、城市化步伐和保护非物质文化遗产的关系，实现经济社会进步和弘扬优秀传统文化的双赢；必须着眼于让齐鲁文化参与到世界文化的竞争与合作之中，充分保护和利用好山东的优秀历史文化资源，大力发展文化事业和文化产业，培育民族感情和爱国精神，不断增强文化软实力，为建设文化强省做出更大贡献。

第二，为非物质文化保护与传承培养人才。非物质文化遗产需要一代接一代地传承下去，在传承的过程中，可能会发扬光大，也可能会逐渐消亡。令人忧心的是，一些依附个体存在、手口相传的珍贵传统文化正面临着传承断档的危险。我们应采取必要措施，保护人类共有的财富。一方面，要加大对现有传承人的资助力度，从制度、资金、设备等方面保证非物质文化遗产传承人和民间艺术家的艺术创作活力，在技能传授、生活补贴、设备更新等方面给予必要的资助，鼓励他们带徒传艺，开展非物质文化遗产传承及传播活动，普及非物质文化遗产保护知识。另一方面，培养新的继承人。培养与继承非物质文化遗产应从

青少年抓起。从一定意义上来讲，文化的继承与发扬是全民性的普及与传承，其中教育是关键。我们在实施全民义务教育的过程中，必须把山东非物质文化遗产列为素质教育的重要内容。在青少年各个学段开设有关非物质文化遗产内容的专题课程，聘请当地老艺人作为社会辅导员，从儿童开始培养他们对非物质文化遗产的认同感。该项活动可以由各地教育系统发起，组织专家编写从小学到中学的有关各市非物质文化遗产的课外读物。这些都有利于非物质文化遗产知识的普及与传承。高校对非物质文化遗产的保护和研究更是义不容辞，应当对当地文化遗产的保护与传承以及生产力的发展发挥积极的桥梁作用，应该承担起抢救和保护的历史使命，并把这种使命融入教学和科研中，在培养精英的同时，完成保护国家的非物质文化遗产的任务。

第三，正确处理好保护与开发的关系。对于非物质文化遗产的保护与开发，不少学者认为开发与保护犹如传统与现代化的关系，中国的现代化是在对传统的过度批判中开始的，所以中国的现代化进程也是在对传统严酷破坏的基础上开始的。他们认为城市的高速建设将会导致文化遗产的快速消失。非物质文化遗产保护追求的是非物质文化遗产的客观、可持续的存在，而开发却看重投入的同时必须有所回报。所以，他们认为，开发者常常会不期然地按照自己的理解和方式对非物质文化遗产进行开发。甚至有学者提出非物质文化遗产保护与开发是个悖论，导致了“保护—开发—损(破)坏—再保护—再开发—再损(破)坏”这样一个怪圈现象的出现。这样的保护其实是为了开发，而开发又招致了损(破)坏，损(破)坏又引起新的保护，并再次进入开发的序列。还有学者提出非物质文化遗产是先民留给今人和后人的一份宝贵财富，其中蕴藏着丰富的文化价值和经济价值。在非物质文化遗产的保护过程中，应当鼓励各方对非物质遗产的活用，从民俗表演到旅游开发，从工艺品销售到文化创意发展，多手段全方位的开发非物质文化遗产中的文化价值和经济价值，使非物质文化遗产在弘扬传统文化、振兴民族艺术的同时，也为开发人文旅游景观、刺激地方经济发展发挥应有的作用。

无论哪一种观点，面对祖先遗留的非物质文化遗产，只要我们方法得当，不论是保护行动还是开发行动都会是对遗产有利的活动，但如果不能端正心态或使用不正常的方法，则往往会给珍贵的文化遗产造成一些不良影响。因此，那些只看到了遗产之中的经济价值，对于文化遗产背后的文化价值缺乏应有的重视，导致开发过后的文化遗产形式与内涵分离的做法是不可取的。文化遗产是一种活态的遗产，它需要由传承人代代相传，随着时代的变迁，传承人所生活的社会也不断发展，遗产也会发生变化。如果遗产工作者仅是教条、机械地对遗产进行保护，不注意追随社会发展改变保护手段，利用这些遗产为人们造福，并且总是希望遗产处于一个历史的时间点，与遗产有关的一切都应一成不变，那么这种保护就成为了一种过度的保护。过度保护往往会桎梏经济甚至是社会的发展，并且也往往不会被社会接受。

因此，我们要尊重事物的发展规律，对非物质文化遗产的保护或开发要看作一种文化事业。在非物质文化遗产保护中，要坚持“保护为主，抢救第一，合理利用，传承发展”工作方针。同时，正确处理保护和利用的关系，保持非物质文化遗产保护的真实性和整体性，在有效保护的前提下合理利用，防止对非物质文化遗产的误解、歪曲和滥用。适度的保护与合理的开发会相辅相成地促进文化遗产的传承发展。

第四节　弘扬优秀传统文化 打造齐鲁文化新优势

在新时代，我们要充分认识齐鲁文化的历史定位和价值，弘扬和传承优秀文化传统，打造齐鲁文化新优势，构筑起新文化建设的坚实基础，为建设山东经济文化强省服务。

一、齐鲁文化在新时代文化建设中的作用

(一)丰富的齐鲁文化遗产承载新时代文化建设所需的厚重文化积淀

齐鲁文化的源流可以追溯到上古东夷族群聚居的时候，那时的这个区域就是我国传统文化最密集、最领先的地区。“伏羲氏、女娲氏、炎帝、黄帝、少昊帝一脉相承，形成了东夷文化高峰，龙、凤图腾的肇始是其灿烂的文化标志；西周

到春秋战国时期，形成了邾娄文化和鲁国文化，并由此造就了主导中国文化2000多年的孔孟及其儒家学说。"[①]虽然学术界对"三皇五帝"的说法有多种，但没有人否认中华民族的始祖与洙泗之滨这方水土的渊源，历史的真实与想象的空间让这里的始祖文化带上了令人向往的神秘色彩。历史上它是中华文明的中心地带之一，出现过许多著名的思想家、政治家、军事家和文艺家，创建出许多重要的思想体系和文化精品，为中华文明的丰富和发展做出了巨大的贡献。以孔孟之乡、礼仪之邦为标志的齐鲁文化，在推进中华文明发展、增强民族凝聚力、维护国家统一的进程中，发挥了其他地区无法比拟的文化影响力。这既是民族认同的标志，也是维护国家统一的精神支柱。海内外中国人无不以朝圣心态来到齐鲁之地，拜孔子、朝圣贤、读其书、观其迹，倾慕孔子及其学说的伟大，接受文化的感染与熏陶。积淀数千年的历史风韵无疑使山东在建设文化强省的进程中有了独特的文化风骨。

（二）尊师重教、尚礼重德、诚实守信的齐鲁文化传统有助于培育形成良好的社会风尚

齐鲁文化具有极其丰厚的思想内涵。如以人为本、以仁为核心、以德为美、以孝为先、以和为贵、以礼为范等内容，是我们建设文化强省，树立良好社会风尚不可或缺的宝贵资源。齐鲁文化有着重视教育的传统，其崇尚文风、重视教育的特点一直延续至今。孔子是中国历史上开办私学的第一人，他的教育思想和教育理念对中国历史产生了巨大的影响，被尊为"至圣先师"。而孟母为了让孟子有一个好的受教育环境而举家三迁的故事更是广为流传。在齐鲁文化的熏陶下，不仅产生了《论语》《孟子》《大学》《中庸》《墨子》等传世巨著，也汇集了孔子、墨子、管子、鲁班、孟子、孙子等众多的思想家、军事家、文学家和科学家。在民风民俗上，齐鲁文化注重血缘亲情，提倡善待他人、谦逊礼让、诚实守信。一方水土养一方人，一方水土也滋生一种文化。齐鲁文化培育了具有诚实守信、热情好客、礼让待人、吃苦耐劳、尊师重教、尊老爱幼、扶弱济贫等传统美德的一代代山东人，这些传统美德至今仍濡染着齐鲁大地的民风民俗，推进着文化强省的建设。

---

① 李强：《文博会——济宁区域文化发展溯源》，2008年9月26日，http://www.jita.gov.cn/news/lydtlist.asp?id=17308.

（三）齐鲁文化是山东文化产业发展的宝贵资源

齐鲁文化不仅深深地植根于中华文明各个领域，而且已经超越时空，成为人类文化宝库的重要遗产，成为当今山东文化产业发展的重要特色和宝贵资源。充分挖掘和利用齐鲁文化资源，引领文化创意产业的大发展，对于推动山东经济社会全面协调发展和产业结构的进一步升级，建设文化强省，具有重要意义。齐鲁文化作为文化产业发展的重要资源，主要体现在以下几个方面：一是旅游资源；二是载体资源；三是品牌资源；四是要素资源。齐鲁文化的一些精华内容作为教育人、启发人、塑造人的资源，可以容纳于物质产品之中，成为其中吸引消费者的重要变量，极大地提高了产品的附加值。要深入挖掘齐鲁文化的丰富内涵，积极寻求齐鲁文化与市场新的结合点，不断提高文化软实力，推动山东省实现由文化大省向文化强省的跨越。

（四）打造齐鲁文化优势，有利于传承和弘扬中华文化

国学大师钱穆曾说："若把代表中国正统文化的，譬之于西方的希腊般，则在中国首先要推山东人。"[①]齐鲁文化原本是一个地区性文化，但其一系列重要成果不断走向全国，在中华文明发展史上发挥了非同寻常的作用。其中孔子创立的儒学，战国时便成为显学，西汉以后的历代王朝推其为官学，四书五经成为经典，孔子被尊为"万世师表"。儒学的仁爱、尚德、中和之道，促进了中华民族的繁荣和统一，使中国成为道德礼仪之邦与讲信修睦之国。后来，儒学还传到东亚各国，形成儒学文化圈，对于东亚文化有着深刻而广泛的影响。尽管传统儒学中精华与糟粕并存，我们应该科学地加以分析，在去除糟粕之后，儒学的精华所具有的普遍价值正在放出新的光芒，成为当代中国拥有的一种宝贵的精神文化资源，在中国现代化和人类文明转型中发挥越来越大的作用。我们要深入研究儒家文化与社会主义核心价值体系的联系，使孔孟之乡成为弘扬中华文化的重要基地。通过这种文化的弘扬，也有利于充分发挥齐鲁文化遗产保护在建设文化强省中的独特优势作用。

山东受益于齐鲁文化，也受制于齐鲁文化，其消极影响也很明显。受儒学

① 钱穆：《中国历史精神》，九州出版社2011年版，第113页。

重义轻利、重农轻商、安贫乐道等观念的影响，齐鲁大地的商业动机严重不足，工商意识不强。很多山东人乡土观念厚重、官本位意识浓厚、商业意识滞后、思想相对保守等，正像有人说的那样，山东人比较讲义气、讲情义，也较为实在、厚道，但由于长期以来过分依赖人情、礼节、伦常，有时候重情不重法；不少人崇尚从政，等级观念根深蒂固，凡事讲求官职大小，讲究等级秩序，用人注重裙带关系。这与儒家崇尚血缘亲情、讲究名分等级、重视礼义规范等文化特质的消极影响息息相关。改革开放以来，胶东半岛地区走在了全国前列，可深受儒风熏陶的鲁西地区多思想保守，强调守成和稳定，改革创新意识差，经济发展则相对落后。这些问题的存在，影响了山东经济社会事业的发展。[①] 因此，在建设文化强省的背景下，我们必须全面贯彻和落实科学发展观，坚持解放思想，与时俱进，汲取齐鲁文化之精华，摒弃齐鲁文化中落后守旧的弊病，充分发挥齐鲁文化的影响力、凝聚力和感召力，切实增强山东文化的软实力，让文化更好地服务于山东的政治、经济及社会的全面发展。

二、打造新时代齐鲁文化新优势的对策

深入贯彻党的十八大和十九大精神，充分发挥山东文化资源富集优势，以高度的文化自觉和文化自信，打造全国重要的区域性文化中心，是当前我省文化建设的重要任务。我们要进一步明确山东文化发展目标，着力在文化体制、文化服务体系、文化创新能力、文化产业竞争力、文化影响力等方面实现新的突破，全面构筑山东文化发展新优势，加快建设文化强省，推动社会主义文化大发展大繁荣。

（一）打造文化体制新优势

加快文化体制改革是建设文化强省的必由之路，要把改革创新作为价值导向、制度安排和激励手段，通过深化文化体制改革，创新文化内容和形式，来打造文化体制新优势，带动文化大发展，促进文化大繁荣。2003 年 6 月，我省确定了大众报业集团、山东广电总台两个全国试点单位和 27 个省级试点单位，先行探

① 参见刘冠凤：《弘扬发展齐鲁文化，增强山东文化软实力》，《理论学习》2008 年第 10 期。

索，形成了大众报业宣传经营“两分开”和青岛有线电视数字化整体转换的经验，并得以在全国推广。2005年底，开始综合试点，制定出台《山东省深化文化体制改革工作方案》，济南、青岛、莱芜、临沂、滨州为5个全国综合试点市，新增10家省直改革试点单位，改革逐步由点及面向纵深拓展。2007年6月，山东省第九次党代会提出建设文化强省的战略目标，对文化改革发展作出总体部署，成为全国最早提出“文化强省”战略的省份之一。之后，我省扩大文化体制改革试点范围，新增了烟台、潍坊、威海、泰安4个全国综合试点市。2011年11月，山东省委九届十三次会议专题审议文化建设，提出加快建设文化强省的意见，文化改革发展整体推进，全面提速。这使得山东文化改革走在全国前列，亮点纷呈。山东出版集团、山东影视集团、鲁商集团等国有文化事业单位在转企改制中焕发生机与活力；文广新三局合一，综合执法上下联动，文化市场综合执法改革的“山东特色”享誉全国。①

然而，目前我省的文化体制改革还存在一些问题和不足，某些改革还不到位，与文化资源大省的地位还有不相适应的地方。如文艺院团改革远远落后于既定要求，成为加快文化体制改革的难点。我们应该清醒地认识到，对国有文艺院团进行改革，绝不是“卸包袱，推责任”，也不是“养得起”“养不起”的问题，而是激发其内在发展活力，培育合格市场主体的需要。对于非时政类报刊出版单位，在改革过程中还需要“关停并转”一批不符合资质或严重亏损的报刊，调整优化报刊业结构，培育形成大型综合性或专业性的报业传媒集团、党刊集团、期刊集团，主流媒体做大做强等。② 对于这些不到位的地方需要进一步落实和完善，制定推动文化改革发展的有效措施。

进一步打造文化体制新优势，要把改革创新的要求贯穿到文化发展的全过程，善于用改革的精神和创新的思路谋划文化发展，深入推进文化体制改革，努力构建充满活力、富有效率、更加开放、有利于文化科学发展的体制机制。要加快经营性文化单位转企改制步伐，建立完善现代文化市场体系，深入推进公益

① 参见《山东：实施文化品牌战略，文化产业加快发展》，2012年8月30日，http://society.people.com.cn/n/2012/0830/c136657－18869537.html.

② 参见孙春山：《着力形成文化体制新优势》，《大众日报》2011年12月4日。

性文化事业单位内部改革，创新文化宏观管理体制。

（二）打造文化惠民新优势

党的十九大报告指出，要完善公共文化服务体系，深入实施“文化惠民”工程，丰富群众性文化活动。通过“文化惠民”工程的实施，可以让公共文化资源深入到厂矿车间、田间地头，让广大人民的文化自觉和文化自信大大提升。随着更多“文化惠民”工程的落地，公众在潜移默化中接受先进文化的熏陶。这对于推进社会主义文化强国建设，助推社会和谐文明等都有着重要意义。

就山东而言，建设文化强省的一个重要工作任务就是加快推进我们公共文化服务体系建设。近年来，对于广大人民来说，也真真切切感受到了文化雨露的滋润，无论是大大小小的主题公园、文化广场，还是遍及乡村的农家书屋、网络工程等，人们既从中感受到了时代发展的进步，也通过文化熏陶提升了自己的文化素养等。以乡镇综合文化站、文化信息共享工程、农村电影放映工程、广播电视“村村通”、农家书屋等五项文化惠民工程为抓手，覆盖城乡的公共文化服务体系基本建立起来。目前，山东全省公共博物馆、纪念馆、文化馆、图书馆等公共文化服务设施实现免费开放。广播电视实现“村村通”，文化信息资源共享工程实现全覆盖。[①] 仅就网络文化惠民工程来看，山东是走在全国前列的。山东省在全国率先提出并实施网络文化惠民工程，并列入全省网络文化建设工作要点。自山东网络广播电视台上线后，始终坚持以“优质高效，惠民利民”为服务宗旨，借助互联网的传播优势，努力打造一个覆盖山东的全媒体网络视听服务新平台，根据群众需求，为用户提供丰富多彩、方便实用、健康向上的网络文化服务产品。山东省以齐鲁网为主阵地，推出了一系列品牌栏目、特色产品和重大活动，如齐鲁拍客、乡村文明拍客摄影大赛、阳光连线、心愿直通车、齐鲁公益联盟等，让群众切实体验到了新媒体发展给生活带来的便捷和好处。网络文化惠民工程已经成为山东文化惠民工程的重要一环，各地开展的各具特色的网络文化惠民工作在齐鲁大地蓬勃兴起，广大老百姓共享到了网络文化发展成果，生活品质、科学素养、文化素养和文明水平得到了提升，推进了社会管理创

---

① 参见《山东文化品牌叫响全国，农家书屋数量全国居首》，2012 年 10 月 26 日，http://news.iqilu.com/shandong/yaowen/2012/1026/1351566.shtml.

新，促进了社会和谐稳定。[①]

打造“文化惠民”新优势，需要不断加大公共文化服务体系的建设，满足群众日益增长的文化需求，努力让城乡居民享受文化发展带来的实惠，以文化民生建设提升百姓幸福指数。我们要坚持以政府为主导，以公共财政为支撑，以基层特别是农村和城市社区为重点，以公益性、基本性、均等性、便利性为原则，加快构建覆盖城乡、惠及全民的公共文化服务体系。

（三）打造文化创意新优势

文化创意产业是一种在经济全球化背景下产生的以创造力为核心的新兴产业，强调一种主体文化或文化因素依靠个人（团队）通过技术、创意和产业化的方式开发、营销知识产权的行业。尽管创意产业作为一个正式概念出现在文献中只有短短几年，但作为一个新兴产业，却在实践中显示了其强大的生命力和巨大的发展空间，成为世界各个国家极力推崇和大力发展的产业部门。创意产业的知识密集型、高附加值、高整合性特点，对于提升产业发展水平，优化产业结构具有不可低估的作用。它不仅注重文化的经济化，还注重产业的文化化，更多地强调文化产业与第一产业、第二产业、第三产业的融合和渗透，其根本观念是通过“越界”促成不同行业、不同领域的重组与合作。[②] 打造“文化创意”新优势，需要我们瞄准文化发展前沿，大力发展新兴文化业态，全面提升文化创意水平，切实增强文化产业发展的质量和效益。

近年来，我省把发展文化产业作为加快经济发展方式转变的重要抓手，加快培育国有文化产业集团和民营骨干龙头企业，建设文化产业集聚基地，发展文化产业集群，将文化创意转化为产业，切实增强了我省文化产业的实力和竞争力。但受多种因素制约，我省文化创意产业发展明显滞后。因此，亟须对山东省文化创意产业发展现状进行全面把握和分析，然后在此基础上理清山东文化创意产业跨越发展的思路，制定合理的发展策略，加紧实施创意山东计划。依靠创意和科技提升，推动文化产业转型升级，促进文化产业从粗放型向集约

---

① 参见《山东网络文化惠民工程成和谐社会发展助推器》，2012 年 11 月 19 日，http://news.iqilu.com/shandong/yuanchuang/2012/1119/1370376.shtml.

② 参见厉无畏、王慧敏：《创意产业促进经济增长方式转变——机理·模式·路径》，《中国工业经济》2006 年第 11 期。

型、高效型转变，增强文化产业整体实力和竞争力；优先发展高科技含量、高附加值的信息服务、动漫游戏、创意设计、文化休闲、网络文化和数字媒体等创意文化产业项目；重点培育一批文化创意群体，扶持发展一批能够成为研发投入主体、技术创新主体和创新成果应用主体的文化创意骨干企业；完善以企业为主体、以市场为导向、产学研相结合的文化科技创新体系，建设一批产学研战略联盟和公共服务平台。

（四）打造文化品牌新优势

山东是中华文明的重要发祥地之一，历史文化源远流长、底蕴深厚、生动多样。齐文化、鲁文化、泰山文化、泉水文化、黄河文化、运河文化、滨海文化等文化资源充分展现了山东文化特色，具有旺盛的生命力。充分利用齐鲁文化的资源优势，打造文化品牌，对于扩大山东在国内外的影响力具有重要作用。

文化品牌是山东文化产业和文化事业革新发展的亮点。近年来，鲁剧、鲁书、鲁画等一大批文化品牌迅速成长，有力地带动了山东文化创意产业的发展和核心竞争力的提升。《闯关东》《沂蒙》《南下》《知青》等鲁剧一再引发收视热潮；《老照片》《笑猫日记》等鲁版图书实现口碑和市场双赢；《中华泰山·封禅大典》《神游华夏》等演艺精品扮靓"好客山东"休闲汇。孔子国际文化节、青岛啤酒节、山东文博会、尼山世界文明论坛等一批文化节会品牌影响力不断提升，初步形成了具有较高知名度和美誉度的文化产业品牌组群。

推动山东文化大发展大繁荣，加快山东由文化大省向文化强省迈进，应注重齐鲁文化特色，与山东文化资源相匹配，加强对齐鲁传统艺术技艺的挖掘整理，努力提高优秀传统文化资源开发利用水平。因此，如何合理有效地开发利用以孔子、泰山、运河、黄河、泉水等为代表的传统文化资源中的人文内涵，把文化资源优势转化为文化产业优势、竞争优势和品牌优势，是打造山东文化品牌首先应考虑的问题。要积极开展对外文化交流与合作，努力打造"孔子故乡中国山东"文化品牌，不断扩大齐鲁文化的影响。打造"好客山东"文化旅游品牌，形成文化与经济科技融合发展格局，培育文化消费增长点，加大文化产业发展的政策引导力度，推动文化产业跨越发展。

（五）打造文化贸易新优势

随着经济全球化的浪潮，文化贸易已经成为国际贸易的重要组成部分。加快文化走出去，打造“文化贸易”新优势，是建设文化强省的必然要求。作为中国传统文化的代表，齐鲁文化也是世界各国人民共同的精神财富，不应满足于搞一个省域品牌或者是国内品牌，要始终坚持“走出去”战略，积极开拓国际文化市场，通过文化交流和文化产业将自己独特和迷人的历史文化作为可开发的财富和资源，更多地推向世界，为弘扬中华文化做出自己的贡献。[①]

经济全球化的趋势，并不意味着人类文化发展也要趋同化、一体化。相反，在日益变小的世界里，人类更需要丰富多彩的精神生活和文化取向的自主性。这正是不同民族之间文明协调发展和各种文化相互之间对话、交流、融合的基础。我们利用齐鲁文化发展文化产业，要充分利用国外资源和市场，按照“本土项目用外资”的模式，充分利用国外投资、技术、产业化经验及国际市场。同时，在积极吸纳的基础上，还要积极地“走出去”。我们要以中国优秀传统文化输出为外在方式，树立中国在世界的富有亲和力形象，协助国家外交战略和社会经济发展战略。

“中华优秀传统文化是中华民族的精神命脉，是涵养社会主义核心价值观的重要源泉，也是我们在世界文化激荡中站稳脚跟的坚实根基。”[②]全面建成小康社会，实现中华民族伟大复兴的中国梦，必须传承和弘扬中华优秀传统文化，推动社会主义文化大发展大繁荣，提高国家文化软实力和中华文化的影响力。让中华文化“走出去”不仅可以让国人特别是海外华人更能坚定道路自信、理论自信、制度自信、文化自信，也有助于世界各国民众更好地认识中国道路、倾听中国的声音。40 多年的改革开放已使中国跃居成为世界第二大经济体，为建设文化强国打下了深厚的物质基础。而有着 5000 年文明史的中华民族，理应有着足够的积淀和底气。我们要抓住机遇，以开放、包容、自信的心态输出中国文化、发出中国声音，大力实施齐鲁文化“走出去”战略，为“一带一路”建设，为世界文化融合发展做出积极贡献。

---

① 参见刘文俭：《省域文化品牌建设的思路与对策——以山东为例》，《北京行政学院学报》2010 年第 4 期。

② 参见中华人民共和国年鉴社编：《中国国情读本》，新华出版社 2015 年版，第 189 页。